# mathewerkstatt



## Lösungen

Herausgegeben von
Susanne Prediger
Bärbel Barzel
Stephan Hußmann
Timo Leuders

Cornelsen

# Inhaltsverzeichnis

## Vertiefen 1 Volumen schätzen durch Zurückführen auf Bekanntes

**Seite 16**

**1 Volumen durch Vergleichen schätzen**

a) *verschiedene Schätzungen sind möglich*
Viele Gegenstände können unterschiedliche Größen haben.

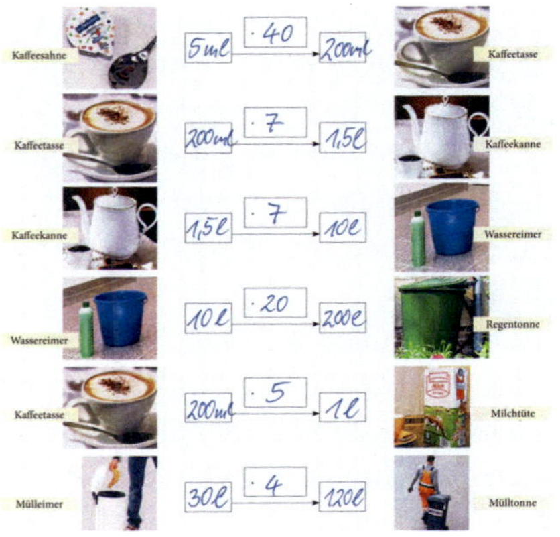


b) Milchtüte 1 l; Wassereimer 10 l; Kaffeesahne 5 ml; Kaffeetasse 200 ml; Kaffeekanne 1,5 l; Regentonne 200 l; Mülleimer 30 l; Mülltonne 120 l

c) *verschiedene Lösungen sind möglich*
Das Produkt aus der ersten Größe und der Zahl auf dem Pfeil sollte ungefähr die hintere Größe ergeben.
z. B. beim letzten Vergleich: 30 l · 4 = 120 l (stimmt).

**2 Vergleichen mit etwas Bekanntem**

a) *verschiedene Lösungen sind möglich,* z. B.
① 2 Wassereimer (20 l)
② 1 Regentonne (200 l)
③ 12 Wassereimer (120 l)
④ 3 Mülltonnen (360 l)
⑤ 2 Milchpackungen (2 l)

b) *verschiedene Lösungen sind möglich,* z. B.
① 20 Milchpackungen bzw. 20 l
② 200 Milchpackungen bzw. 200 l,
③ 120 Milchpackungen bzw. 120 l
④ 360 Milchpackungen bzw. 360 l
⑤ 2 Milchpackungen bzw. 2 l
Auch Multiplikationsaufgaben sind möglich.

## Vertiefen 2 Sinnvoll runden

**Seite 17**

**3 Höhenangaben von Bergen runden**

a)

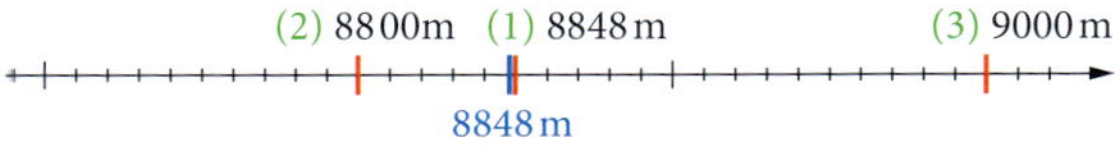


b) 8848 m gerundet auf Zehner ergibt 8850 m.
8848 m gerundet auf Hunderter ergibt 8800 m.
8848 m gerundet auf Tausender ergibt 9000 m.
Das Runden auf Zehner, Hunderter und Tausender ist das Gleiche wie das Suchen des nächstliegenden Zehner, Hunderter und Tausender.

c)

| | | gerundet auf | | |
|---|---|---|---|---|
| Berg | Höhe | Zehner | Hunderter | Tausender |
| Mount Everest | 8848 m | 8850 m | 8800 m | 9000 m |
| Kilimandscharo | 5896 m | 5900 m | 5900 m | 6000 m |
| Montblanc | 4807 m | 4810 m | 4800 m | 5000 m |
| Großglockner | 3798 m | 3800 m | 3800 m | 4000 m |
| Fuji | 3776 m | 3780 m | 3800 m | 4000 m |
| Zugspitze | 2962 m | 2960 m | 3000 m | 3000 m |
| Feldberg | 1493 m | 1490 m | 1500 m | 1000 m |
| Wasserkuppe | 950 m | 950 m | 1000 m | 1000 m |
| Bungsberg | 168 m | 170 m | 200 m | 0 m |

d) *verschiedene Beispiele sind möglich,* z. B.
Rundet man die Höhe des Kilimandscharos (5896 m) auf Zehner und auf Hunderter, so erhält man jeweils den gleichen Wert. Genauso ist es beim Großglockner (3798 m).
Begründung:
Der nächstliegende Zehner ist gleichzeitig der nächstliegende Hunderter, deshalb kommt man beim Runden auf Zehner und beim Runden auf Hunderter auf die gleiche Zahl.

**4 Ergebnisse beim Runden**

a) Folgende Zahlen (ohne Komma) können auf 40 gerundet worden sein:
35; 36; 37; 38; 39; 40; 41; 42; 43; 44
Es gibt aber sehr viele weitere Zahlen (mit Komma), die man auf 40 runden kann, z. B. 35,1; 44,9; …

b) links

(1)
(2)
(3)

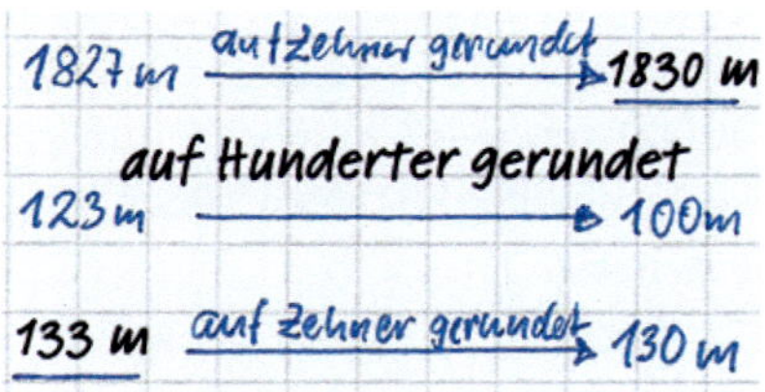


Bei (3) *sind verschiedene Lösungen möglich.*

**rechts**

(1)

(2)

(3)

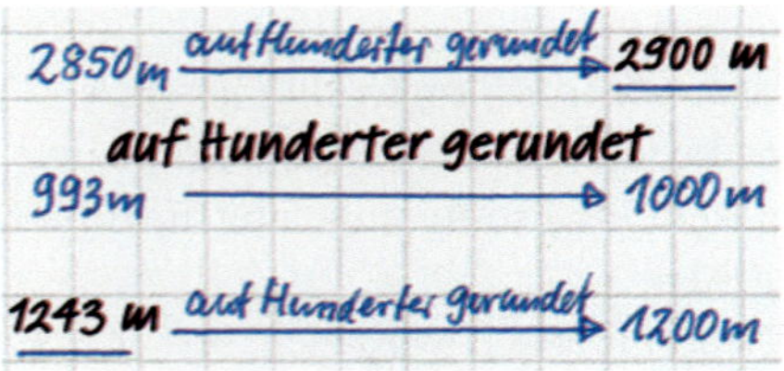


*Bei (2) und (3) sind verschiedene Lösungen möglich.*

**c)** **links** (3) Es kann aufgerundet oder abgerundet worden sein. Alle Zahlen zwischen 125 und 135 sind möglich, nicht aber die 135 selbst, also 125, 126, …, 133, 134, aber auch 134,8 oder 126,4. Die kleinste mögliche Zahl ohne Komma ist 125 und die größte mögliche Zahl ohne Komma ist 134.
**rechts** (2) Bei dieser Aufgabe kann auf Hunderter oder auf Tausender gerundet worden sein.
**rechts** (3) Es kann aufgerundet oder abgerundet worden sein. Alle Zahlen zwischen 1150 und 1250 sind möglich, nicht aber die 1250 selbst, also 1150, 1151, …, 1248, 1249, aber auch 1234,8 oder 1249,7. Die kleinste mögliche Zahl ohne Komma ist 1150 und die größte mögliche Zahl ohne Komma ist 1249.

**d)** *verschiedene Lösungen sind möglich*

**Seite 18**

**5 Rundungsspiel**
Die Aufgabe ist ein Spiel und hat deshalb keine Lösung.

**6 Sinnvoll runden**

**a)** *verschiedene Lösungen sind möglich,* z. B.
(1) Für den Weg zu meiner Oma benötige ich mit dem Fahrrad **ungefähr eine halbe Stunde** oder **etwa 30 Minuten**.
(2) In die Colaflasche passen **ungefähr 500 ml** oder **etwa ein halber Liter**.
(3) Bei dem Fußballfeld ist es sinnvoll, die Werte der Länge und Breite auf Tausender zu runden.
105 **6**79 mm auf Tausender runden:
106 000 mm
68 **4**35 mm auf Tausender runden: 68 000 mm
Sinnvoll ist es, die Maße in Meter umzurechnen:
106 000 mm = 106 m; 68 000 mm = 68 m
Das Fußballfeld ist **etwa 106 m lang und 68 m breit.**

**b)** (1) Wurde auf Zehner gerundet, dann sind alle Angaben ab 325 ml bis unter 335 ml möglich. Wurde auf Einer gerundet, dann sind alle Angaben ab 329,5 ml bis unter 330,5 ml möglich.
(2) Wurde auf Zehner gerundet, dann sind alle Angaben von 269 995 bis 270 004 möglich. Wurde auf Hunderter gerundet, dann sind alle Angaben von 269 950 bis 270 049 möglich. Wurde auf Tausender gerundet, dann sind alle Angaben von 269 500 bis 270 499 möglich. Wurde auf Zehntausender gerundet, dann sind alle Angaben von 265 000 bis 274 999 möglich.
(3) Wurde auf Minuten gerundet, so waren es mindestens 19 Minuten und 30 Sekunden und weniger als 20 Minuten und 30 Sekunden. Wurden die Minuten auf Zehner gerundet, so waren es mindestens 15 min und weniger als 25 min.

**c)** *verschiedene Lösungen sind möglich,* z. B.
Maße Tennisplatz (gerundet):
Länge: ≈ 2400 cm;
Breite: ≈ 800 cm
Pro $cm^2$: 2 Grassamen
Rechnung mit gerundeten Werten:
$2400 \cdot 800 \cdot 2 = 3\,840\,000$
Man benötigt rund 3,8 Millionen Grassamen für ein Tennisfeld.

**7 Wie groß kann es sein?**

**a)** (1) Im Stadion waren zwischen 54 500 und 55 499 Besucher.
(2) Deutschland hat zwischen 75 000 000 und 84 999 999 Einwohner.
(3) Das Flugzeug erreicht eine Flughöhe zwischen 11 350 m und weniger als 11 450 m.
(4) Der Kofferraum eines bestimmten Autos hat ein Volumen zwischen 555 Liter und weniger als 565 Liter.
(5) Der größte Hai, den der Fischer gefangen hat, war zwischen 6,85 m und weniger als 6,95 m lang.

**b)** *verschiedene Lösungen sind möglich*

## Vertiefen 3 Einen Ansatz wählen und einen Lösungsplan verwenden

**Seite 19**

**8 Ein Problem mit einfacheren Fragen lösen**

a) *mögliche Antworten*

(1) An manchen Tagen esse ich einen Apfel und an manchen Tagen esse ich keinen Apfel.
(2) Ich esse ungefähr 5 Äpfel in der Woche.
(3) Ein Jahr hat 52 Wochen.
(4) Im Jahr sind 12 Wochen Schulferien.

*mögliche Lösungswege*

Wenn du nur die Fragen (2) und (3) berücksichtigst, kommst du auf folgendes Ergebnis: $52 \cdot 5 = 260$.
Also isst du 260 Äpfel im Jahr.
Aber vielleicht isst du in den Schulferien mehr (z. B. 7) oder weniger (z. B. 3) Äpfel als in einer Schulwoche, dann könnte deine Rechnung so aussehen:

- In den Ferien esse ich nur 3 Äpfel pro Woche:
  $5 \cdot 40 + 3 \cdot 12 = 200 + 36 = 236$
  Wenn ich in den Ferien 3 und sonst 5 Äpfel in der Woche esse, dann esse ich im Jahr 236 Äpfel.
- In den Ferien esse ich 7 Äpfel:
  $5 \cdot 40 + 7 \cdot 12 = 200 + 84 = 284$
  Wenn ich in den Ferien 7 und sonst 5 Äpfel in der Woche esse, dann esse ich im Jahr 284 Äpfel.

b) *mögliche Fragen und dazugehörige Antworten*

(1) Aus wie vielen Scheiben besteht ein Brot?
Ein Brot besteht aus ungefähr 20 Scheiben.
(2) Wie viele Scheiben esse ich am Tag?
Ich esse drei Scheiben Brot am Tag (Frühstück zu Hause, Frühstück in der Schule, Abendessen).
(3) Wie viele Tage hat ein Jahr?
Ein Jahr hat 365 Tage.
(4) An wie vielen Tagen esse ich kein Brot?
Sonntags esse ich kein Brot. Also esse ich an 52 Tagen kein Brot.

*mögliche Rechnung*

$365 - 52 = 313$ (Tage, an denen ich Brot esse)
$313 \cdot 3 = 939$ (Scheiben Brot pro Jahr)
$939 : 20 = 46{,}95$
Also ich esse an 313 Tagen im Jahr 3 Scheiben Brot, das macht 939 Scheiben im Jahr und das sind ungefähr 47 Brote.

**9 Passende und unpassende Fragen**

a) *verschiedene Lösungen sind möglich*

1) Die Frage ähnelt sehr der Ausgangsfrage. Sie ist nur noch schwieriger zu beantworten. Für die Lösung des Problems ist sie demnach nicht geeignet.
2) Für das Ausgangsproblem ist die Frage nicht wichtig. Allerdings ist es grundsätzlich eine gute Frage für die Planung einer Party.
3) Diese Frage ist geeignet. Besonders in Verbindung mit Frage 9).
4) Um die Anzahl der Chipstüten zu ermitteln, ist diese Frage nicht geeignet. Allerdings könnte man vielleicht berücksichtigen, dass, je mehr Kuchen da sind, möglicherweise weniger Chips gegessen werden.
5) Diese Frage ist geeignet, wenn man sich überlegt, wie viele Schüsseln Chips man anbieten möchte.
6) Diese Frage ist geeignet, auch im Zusammenhang mit Frage 5). So kann man z. B. versuchen zu ermitteln, für wie viele Schüsseln eine Tüte Chips reicht.
7) Diese Frage ist sehr hilfreich.
8) Diese Frage ist geeignet.
9) Diese Frage ist geeignet, wenn sich die Party über einen ganzen Nachmittag erstreckt.
10) Das Durchschnittsalter der Gäste ist nicht wichtig, da sowohl junge als auch ältere Leute meist gerne Chips essen.

b) *mögliche Fragen und dazugehörige Antworten*

6) In einer Packung sind meist 175 g Chips.
7) Es werden 11 Gäste kommen, das heißt, mit Till sind es 12 Personen.
9) An einem Nachmittag isst jeder ungefähr 50 g Chips.
Die Antworten reichen aus, um Tills Frage zu beantworten.
Rechnung: $50\,g \cdot 12 = 600\,g$; $600\,g : 175\,g \approx 3{,}43$
Wenn jeder 50 g Chips ist, dann braucht Till 600 g Chips. In einer Tüte sind 175 g, das heißt Till muss 4 Tüten Chips kaufen, da 3 Tüten nicht reichen würden.

c) *mögliche Zwischenfragen*

6) Wie viele Chipstüten sind so schwer, wie eine Milchpackung?
9) Wie oft nimmt an am Nachmittag Chips?
Wie schwer ist ein Chip?
Wie viele Chips passen in die Hand?

Seite 20

**10 Mülltonnenleerungen in Freiburg**

*verschiedene Lösungen sind möglich,* z. B.

a) **P** Wie viele Restmülltonnen werden in Freiburg wöchentlich geleert?

b) **A** Freiburg hat 217 547 Einwohner. Etwa 3 bis 4 Einwohner teilen sich eine Mülltonne. So kann man berechnen, wie viele Mülltonnen alle zwei Wochen geleert werden. Damit kann man dann berechnen, wie viele Mülltonnen pro Woche geleert werden.

c) **D** 3 Einwohner: 72 500 Mülltonnen alle zwei Wochen, 36 300 Mülltonnen jede Woche
4 Einwohner: 54 400 Mülltonnen alle zwei Wochen, 27 200 Mülltonnen jede Woche

d) **E** Leerung pro Woche zwischen 27 000 und 36 000 Mülltonnen

e) **K** Ausgehend davon, dass alle Mülltonnen voll sind, werden pro Leerung
$72\,500 \cdot 60$ Liter $= 4\,350\,000$ Liter
(bzw. $54\,400 \cdot 60$ Liter $= 3\,263\,000$ Liter) Müll entsorgt. Pro Woche also etwa 2 175 000 Liter (bzw. 1 631 000 Liter ).
Da Freiburg 217 547 Einwohner hat und jeder 5 Liter Restmüll pro Woche produziert, ergibt dies pro Woche eine Menge von etwa 1 080 000 Liter.
Vergleicht man diese beiden Ergebnisse, so erkennt man einen großen Unterschied. Es werden also nicht alle Mülltonnen voll geleert bzw. im Durchschnitt teilen sich mehr als 4 Personen eine Mülltonne.

**11 Zahnpastaverbrauch**

*verschiedene Lösungen sind möglich,* z. B.

**P** *Wie viele Tuben Zahnpasta benötigt eine vierköpfige Familie im Jahr?*

**A** Jeder der vier Mitglieder putzt sich mindestens zwei Mal am Tag die Zähne. Bei jedem Zähneputzen verwendet man ca. 2 cm Zahnpasta. 1 cm Zahnpasta sind ungefähr $1\,cm^3 =$ 1 ml. In einer Tube sind 75 ml Zahnpasta. Ein Jahr hat 365 Tage.

**D** Pro Person etwa 4 cm Zahnpasta am Tag oder 16 cm für die gesamte Familie pro Tag. Das sind $16\,cm^3$ oder 16 ml am Tag. Eine Tube reicht somit ungefähr 6 Tage.
$365 \cdot 6 \approx 60$

**E** Die Familie benötigt also etwa 60 Tuben Zahnpasta pro Jahr.

**K** eventuell geringerer Verbrauch der Kinder als bei Erwachsenen

**12 Wasserverbrauch beim Duschen**

*verschiedene Lösungen sind möglich,* z. B.

**P** *Wie viel Liter Wasser verbraucht deine Familie jedes Jahr fürs Duschen?*

**A** Meine Familie besteht aus 4 Mitgliedern (zwei Erwachsene und zwei Kinder). Die Erwachsenen duschen sich 4 Mal in der Woche und die Kinder zwei Mal in der Woche (einmal in der Woche wird gebadet).
*Mögliche Zwischenfragen lauten:*
*Wie viele Personen gibt es?*
*Wie oft geht jeder Duschen?*
*Wie viele Tage hat das Jahr?*
*Wie oft geht jede Person pro Jahr duschen?*
*Wie viel Liter Wasser wird pro Dusche verbraucht?*

**D** Die Familie duscht also in der Woche
$2 \cdot 2 + 2 \cdot 4 = 12$ Mal.
Jeder duscht ca. 10 Minuten lang (mit laufendem Wasser). In einer Minute laufen ca. 6 l Wasser durch den Duschkopf (1 l in 10 s).
Verbrauch pro Dusche:
$10 \cdot 6 = 60$ (Verbrauch in Liter)
Verbrauch meiner Familie pro Woche:
$12 \cdot 60\,l = 720\,l$
Ein Jahr hat 52 Wochen:
$720\,l \cdot 52 = 37\,440\,l$ Wasser

**E** Damit verbraucht meine Familie im Jahr fürs Duschen 37 440 l Wasser.

**K** 40 000 l Wasser reichen für
$40\,000 : 60 \approx 660$ Duschen. Das sind knapp 2 am Tag.

## Vertiefen 4 Verbrauchsprobleme aus Zeitungstexten lösen

Seite 21

**13 Neuen Duschkopf kaufen?**

*verschiedene Lösungen sind möglich,* z. B.

(1)
- Wasserverbrauch:
  normale Duschen: 18 Liter pro Minute
  Spardusche: 6 Liter pro Minute
- Preis für Duschkopf für Spardusche: 79,90 €

(2) Wie viele Minuten pro Jahr duscht eine Person?
Wie teuer ist ein Liter Duschwasser?
Wie viel kostet die Energie zum Aufwärmen des Wassers?

(3) Angenommen eine Person duscht 4-mal in der Woche 10 Minuten lang. Ein Jahr hat 52 Wochen und somit duscht eine Person $4 \cdot 10 \cdot 52 = 2080$ Minuten im Jahr.
Mit der normalen Dusche ergeben sich so $2080 \cdot 18\,l = 37\,440\,l$ pro Jahr.
Mit der „Spardusche" ergeben sich $2080 \cdot 6\,l = 12\,480\,l$ pro Jahr.
Mit der „Spardusche" spart eine Person also $37\,440\,l - 12\,480\,l = 24\,960\,l$ Wasser im Jahr.
Wenn man davon ausgeht, dass ein Liter Wasser 0,004 € kostet, spart man durch die neue Brause $24\,960 \cdot 0{,}004$ € = 99,84 €.
Das entspricht nur der Hälfte der angegebenen Ersparnis. Falls sich die andere Hälfte aus den Energiekosten ergibt, stimmt die Angabe des Herstellers.
Entweder muss der Hersteller davon ausgegangen sein, dass eine Person mehr als 4-mal die Woche und / oder länger als 10 Minuten duscht oder er muss von einem höheren Literpreis und entsprechenden Energiekosten ausgegangen sein.

**14 Stimmt die Wasserrechnung**

a) *verschiedene Lösungen sind möglich,* z. B.
1) Wie viel Euro bezahlt man durchschnittlich im Jahr für Wasser?
2) Wie viel kostet ein Liter Wasser?
3) Wie viel Wasser verbraucht man, wenn man alle Hähne im Haus den ganzen Tag laufen lässt?
4) Wie viel Wasser verbraucht man durchschnittlich am Tag?

b) *verschiedene Lösungen sind möglich,* z. B.
mögliche Lösung zu 2):
Die Mieter sollen jetzt täglich 750 bis 900 Liter mehr verbraucht haben und dafür 1000 € nachzahlen.
Eine Nachzahlung bezieht sich auf ein ganzes Jahr, die 1000 € sind also für etwa 300 000 Liter Wasser zu bezahlen ($750 \cdot 365 = 273\,750$).
Das heißt, ein Liter Wasser kostet etwa 0,3 Cent.

c) Eine mögliche Lösung zu 3):
Ein durchschnittlicher Haushalt hat drei Wasserhähne. Pro Minute laufen 6 l Wasser durch den Hahn, wenn er voll aufgedreht ist. Wenn man davon ausgeht, dass die Hähne von morgens bis abends (12 Stunden) aufgedreht sind (eine Stunde hat 60 Minuten), dann ergibt sich pro Hahn eine Wassermenge von $6\,l \cdot 12 \cdot 60 = 4320\,l$.
Dann würden durch 3 Hähne in 12 Stunden 12 960 l Wasser fließen, also viel mehr als die Bewohner der Schwanstraße angeblich verbraucht haben. Die Aussage stimmt also nicht. Tag und Nacht können die Hähne auf keinen Fall geöffnet gewesen sein.

**15 Standby-Verbrauch**

a) *verschiedene Lösungen sind möglich,* z. B.

**P** Verbraucht man beim Haareföhnen mehr Energie als für die Nutzung von Standby-Geräten?

**A** Berechnen und Vergleichen der Energie, die täglich für das Haareföhnen und für den Standby-Betrieb der elektrischen Haushaltsgeräte benötigt wird

**D** *1) Energieverbrauch beim Haareföhnen:*
- Wie lange dauert das Haareföhnen?
etwa 5 min
- Wie viel Energie verbraucht der Föhn dabei?
Er verbraucht 2000 Wh pro Stunde, also etwa 1000 Wh in einer halben Stunde oder rund 167 Wh für 5 min am Tag.

*2) Energieverbrauch für Standby-Geräte:*
- Welche Leerlaufzeiten haben Standby-Geräte?
etwa 20 h pro Tag
- Wie viel Energie verbraucht man für die Leerlaufzeiten von Standby-Geräten?
1000 bis 2000 Wh
($20 \cdot 50 = 1000$ und $20 \cdot 100 = 2000$)

**E** Für das tägliche Föhnen verbraucht man etwa 167 Wh und für den Standby-Verbrauch 1000 bis 2000 Wh. Merve hat nicht Recht, denn ihre Freundin verbraucht viel weniger Energie.

**K** Der Standby-Verbrauch ist viel höher als man denken würde. Das Ergebnis kann aber trotzdem stimmen, denn die Standby-Funktion verbraucht über viele Stunden am Tag Energie und Haareföhnen dauert nur wenige Minuten pro Tag.

b) *verschiedene Lösungen sind möglich,* z. B.
Die Kosten für die Standby-Funktion bei technischen Geräten betragen pro Jahr etwa 70 bis 150 Euro.
Besonders teuer ist der Standby-Verbrauch bei Computer und Drucker.

## Vertiefen 1 Zahlen aufteilen und zusammensetzen

**Seite 36**

**1 Alle Teiler einer Zahl**

(1) Alle Teiler von 30 sind 1, 2, 3, 5, 6, 10, 15 und 30.
(2) Alle Teiler von 31 sind 1 und 31.
(3) Alle Teiler von 32 sind 1, 2, 4, 8, 16 und 32.

Alle Teiler von 60 sind 1, 2, 3, 4, 5, 6, 10, 12, 15, 20, 30 und 60.
Alle Teiler von 61 sind 1 und 61
Alle Teiler von 62 sind 1, 2, 31 und 62.

*Mögliche Beobachtungen:* Es gibt Zahlen, die nur zwei Teiler haben, sich selbst und die 1. Und es gibt Zahlen die mehr Teiler haben. Wenn die Zahlen größer werden, kann die Anzahl der Teiler größer aber auch kleiner werden.

**2 Lückenfüller**

**links:**

(1)

| | | | | |
|---|---|---|---|---|
| 2 | · | 3 | = | 6 |
| · | | · | | |
| 5 | · | 7 | = | 35 |
| = | | = | | |
| 10 | | 21 | | |

(2)

| | | | | |
|---|---|---|---|---|
| 11 | · | 7 | = | 77 |
| · | | · | | |
| 2 | · | 5 | = | 10 |
| = | | = | | |
| 22 | | 35 | | |

(3)

| | | | | |
|---|---|---|---|---|
| 3 | · | 7 | = | 21 |
| · | | · | | |
| 5 | · | 11 | = | 55 |
| = | | = | | |
| 15 | | 77 | | |

(4)

| | | | | |
|---|---|---|---|---|
| 7 | · | 3 | = | 21 |
| · | | · | | |
| 2 | · | 13 | = | 26 |
| = | | = | | |
| 14 | | 39 | | |

**rechts:**

(1)

| | | | | |
|---|---|---|---|---|
| 5 | · | 15 | = | 75 |
| · | | · | | |
| 15 | · | 20 | = | 300 |
| = | | = | | |
| 75 | | 300 | | |

(2)

| | | | | |
|---|---|---|---|---|
| 9 | · | 9 | = | 81 |
| · | | · | | |
| 11 | · | 11 | = | 121 |
| = | | = | | |
| 99 | | 99 | | |

*Für (3) sind zwei Lösungen möglich:*

(3)

| | | | | |
|---|---|---|---|---|
| 4 | · | 25 | = | 100 |
| · | | · | | |
| 2 | · | 2 | = | 4 |
| = | | = | | |
| 8 | | 50 | | |

| | | | | |
|---|---|---|---|---|
| 2 | · | 50 | = | 100 |
| · | | · | | |
| 4 | · | 1 | = | 4 |
| = | | = | | |
| 8 | | 50 | | |

*Für (4) sind sechs Lösungen möglich,* z. B.

(4)

| | | | | |
|---|---|---|---|---|
| 2 | · | 36 | = | 72 |
| · | | · | | |
| 24 | · | 1 | = | 24 |
| = | | = | | |
| 48 | | 36 | | |

| | | | | |
|---|---|---|---|---|
| 4 | · | 18 | = | 72 |
| · | | · | | |
| 12 | · | 2 | = | 24 |
| = | | = | | |
| 48 | | 36 | | |

**3 Zweifüßerzahlen und Vierfüßerzahlen**

a) *verschiedene Lösungen sind möglich*

b) Zweifüßerzahlen sind das Produkt von 2 Primzahlen.

| · | 2 | 3 | 5 | 7 | 11 | 13 | 17 | 19 | 23 | 29 |
|---|---|---|---|---|---|---|---|---|---|---|
| **2** | 4 | 6 | 10 | 14 | 22 | 26 | 34 | 38 | 46 | 58 |
| **3** | 6 | 9 | 15 | 21 | 33 | 39 | 51 | | | |
| **5** | 10 | 15 | 25 | 35 | 55 | | | | | |
| **7** | 14 | 21 | 35 | 49 | 77 | | | | | |
| **11** | 22 | 33 | 55 | | | | | | | |
| **13** | 26 | 39 | 65 | | | | | | | |
| **17** | 34 | 51 | | | | | | | | |
| **19** | 38 | 57 | | | | | | | | |
| **23** | 46 | 69 | | | | | | | | |
| **29** | 58 | | | | | | | | | |

An dieser Tabelle kann man alle Zweifüßerzahlen unter 50 ablesen: 4, 6, 9, 10, 14, 15, 21, 22, 25, 26, 33, 34, 35, 38, 39, 46, 49.

c) *verschiedene Lösungen sind möglich,* z. B.
2 · 2 · 2 · 2 = 16; 2 · 3 · 5 · 7 = 210;
2 · 2 · 3 · 3 = 36; 5 · 5 · 7 · 11 = 1925

**4 Zahlenraten**

(1) Merves Zahl ist die 11.
(2) Tills Zahl könnte die 7, 17, 37 oder 47 sein.
(3) Oles Zahl könnte 60, 90, 120, 180, 210, 240, 270, 420, 480, … sein.
(4) Pias Zahl ist die 60.

**Seite 37**

**5 Zahlen vollständig zerlegen**

a) und b) **links:**

(1)
2 = 2
4 = 2 · 2
8 = 2 · 2 · 2
16 = 2 · 2 · 2 · 2
32 = 2 · 2 · 2 · 2 · 2
*Fortsetzung:*
64 = 2 · 2 · 2 · 2 · 2 · 2
128 = 2 · 2 · 2 · 2 · 2 · 2 · 2
…

*Regel:* Hier wird immer mit 2 multipliziert.

(2)
5 = 5
10 = 2 · 5
50 = 5 · 2 · 5
100 = 2 · 5 · 2 · 5
500 = 5 · 2 · 5 · 2 · 5
Fortsetzung:
1000 = 2 · 5 · 2 · 5 · 2 · 5
5000 = 5 · 2 · 5 · 2 · 5 · 2
…

*Regel:* Hier wird abwechselnd mit 2 und 5 multipliziert.

**rechts:**

(1)
$6 = 2 \cdot 3$
$15 = 3 \cdot 5$
$35 = 5 \cdot 7$
$77 = 7 \cdot 11$
$143 = 11 \cdot 13$
*Fortsetzung:*
$221 = 13 \cdot 17$
$323 = 17 \cdot 19$
…

*Regel:*
Hier werden immer zwei aufeinanderfolgende Primzahlen multipliziert.

(2)
$2 = 2$
$6 = 2 \cdot 3$
$30 = 2 \cdot 3 \cdot 5$
$210 = 2 \cdot 3 \cdot 5 \cdot 7$
$2310 = 2 \cdot 3 \cdot 5 \cdot 7 \cdot 11$
*Fortsetzung:*
$30\,030 = 2 \cdot 3 \cdot 5 \cdot 7 \cdot 11 \cdot 13$
$510\,510 = 2 \cdot 3 \cdot 5 \cdot 7 \cdot 11 \cdot 13 \cdot 17$
…

*Regel:*
Hier wird immer mit der nächstgrößeren Primzahl multipliziert.

**6 Plus-Zahlenmauern**

a) Die Zahlenmauer enthält zwei Primzahlen: die 5 und die 11

b) Plus-Zahlenmauern mit drei Reihen können höchstens fünf Primzahlen enthalten. Man fängt am besten mit der unteren Reihe aus drei Primzahlen an, wobei einmal oder zweimal die „2" vertreten sein muss.
*Beispiellösungen:*

① Plus-Zahlenmauer mit „2" unten in der Mitte:

18
13 | 5
11 | 2 | 3

② Plus-Zahlenmauer mit zweimal „2" unten an beiden Rändern:

10
5 | 5
2 | 3 | 2

③ Plus-Zahlenmauer mit einmal „2" unten am Rand

13
8 | 5
5 | 3 | 2

**7 Rekord-Primzahlen**

a) *verschiedene Lösungen sind möglich*

b) $2 \cdot 2 - 1 = 3$ (Primzahl)
$2 \cdot 2 \cdot 2 - 1 = 7$ (Primzahl)
$2 \cdot 2 \cdot 2 \cdot 2 - 1 = 15$
(keine Primzahl, denn $15 = 3 \cdot 5$)
$2 \cdot 2 \cdot 2 \cdot 2 \cdot 2 - 1 = 31$ (Primzahl)
$2 \cdot 2 \cdot 2 \cdot 2 \cdot 2 \cdot 2 - 1 = 63$
(keine Primzahl, denn $63 = 3 \cdot 21$)
$2 \cdot 2 \cdot 2 \cdot 2 \cdot 2 \cdot 2 \cdot 2 - 1 = 127$ (Primzahl)
$2 \cdot 2 \cdot 2 \cdot 2 \cdot 2 \cdot 2 \cdot 2 \cdot 2 - 1 = 255$
(keine Primzahl, denn $255 = 3 \cdot 5 \cdot 17$)
$2 \cdot 2 \cdot 2 \cdot 2 \cdot 2 \cdot 2 \cdot 2 \cdot 2 \cdot 2 - 1 = 511$
(keine Primzahl, denn $511 = 7 \cdot 73$)
$2 \cdot 2 \cdot 2 \cdot 2 \cdot 2 \cdot 2 \cdot 2 \cdot 2 \cdot 2 \cdot 2 - 1 = 1023$
(keine Primzahl, denn $1023 = 3 \cdot 11 \cdot 31$)
$2 \cdot 2 \cdot 2 \cdot 2 \cdot 2 \cdot 2 \cdot 2 \cdot 2 \cdot 2 \cdot 2 \cdot 2 - 1 = 2047$
(keine Primzahl, denn $2047 = 23 \cdot 89$)
$2 \cdot 2 \cdot 2 \cdot 2 \cdot 2 \cdot 2 \cdot 2 \cdot 2 \cdot 2 \cdot 2 \cdot 2 \cdot 2 - 1 = 4095$
(keine Primzahl, denn $4095 = 3 \cdot 3 \cdot 5 \cdot 7 \cdot 13$)
$2 \cdot 2 \cdot 2 \cdot 2 \cdot 2 \cdot 2 \cdot 2 \cdot 2 \cdot 2 \cdot 2 \cdot 2 \cdot 2 \cdot 2 - 1 = 8191$
(Primzahl)

c) Wer mag, kann das mal mit einer Stoppuhr testen. Wer die Ziffern kennt und direkt hinschreiben kann, ohne zu überlegen, benötigt dann für 10 Ziffern etwa 10 Sekunden. Also pro Ziffer 1 Sekunde, insgesamt also 13 000 000 Sekunden. 60 Sekunden sind eine Minute, 60 Minuten sind 1 Stunde, 24 Stunden ein Tag.
$13\,000\,000 : 60 : 60 =$ ungefähr 3600 Stunden
Wenn man 8 Stunden am Tag schreibt, sind das ungefähr 450 Tage, also mehr als 1 Jahr.
Wenn man durchschreibt, sind es rund 150 Tage.

## Vertiefen 2 Problemlösen mit Plan

**Seite 38**

**8 Ein Zahlenproblem mit Plan lösen**

a) *verschiedene Lösungen sind möglich,* z. B.
**P** 3 aufeinanderfolgende Zahlen werden addiert. Ist das Ergebnis dann immer durch 4 teilbar?
**A** weitere Beispiele aufschreiben
**D** $4 + 5 + 6 = 15$, $5 + 6 + 7 = 18$, …
15 und 18 sind nicht durch 4 teilbar.
**E** Die Summe von drei aufeinanderfolgenden Zahlen ist also nicht immer durch 4 teilbar.
**K** $20 + 21 + 22 = 63$ ist z. B. nicht durch 4 teilbar.

b) *verschiedene Lösungen sind möglich,* z. B.
Beim Aufschreiben weiterer Beispiele stellte sich heraus, dass die Summe von drei aufeinanderfolgenden Zahlen nicht immer durch 4 teilbar ist.

c) *verschiedene Lösungen sind möglich,* z. B.
Die roten Pfeile zeigen an, dass von der „Durchführung" noch einmal zum „Ansatz suchen" oder zum „Problem verstehen" zurückgegangen wurde bzw. dass von der „Kontrolle" zum „Problem verstehen" zurückgegangen wurde.
Möglicherweise wurde bei der „Durchführung" oder bei der „Kontrolle" entdeckt, dass die Summe von drei aufeinanderfolgenden Zahlen immer durch 3 teilbar ist und dann wurde dieses Problem weiter untersucht.

**9 Zahlen mit Charakter**

(1)

**P** Gesucht sind alle Zahlen unter 100, die durch 5 durch 3 teilbar sind.

**A** Beispiele aufschreiben und ordnen, d. h. hier: Alle Zahlen der Fünferreihe bis 100 prüfen, ob sie durch 3 teilbar sind.

**D** Die Fünferreihe ist: 5, 10, 15, 20, 25, 30, 35, 40, 45, 50, 55, 60, 65, 70, 75, 80, 85, 90, 95
Durch 3 teilbar sind dabei 15, 30, 45, 60, 75, 90, also immer 15 weiter.

**E** Es sind 6 Zahlen.

**K** Man könnte auch die Dreierreihe aufschreiben und prüfen, welche Zahlen durch 5 teilbar sind.

(2)

**P** Woran kann man erkennen, ob eine große Zahl durch 4 teilbar ist?

**A** Beispiele aufschreiben, d. h. hier: Verschiedene, große, durch 4 teilbar Zahlen aufschreiben und nach Gemeinsamkeiten untersuchen.

**D** 1632 : 4 = 408, 1680 : 4 = 420,
… so sehe ich nichts.

**A** Beispiele ordnen, d. h. hier: Die durch 4 teilbaren Zahlen ab 100 der Reihe nach aufschreiben.
100, 104, 108, 112, 116…;
Vermutung: Die letzten beiden Ziffern müssen eine Zahl aus der Viererreihe bilden.
Beispiel:
244 ist durch 4 teilbar, weil 44 aus der Viererreihe ist. (244 . 4 = 61)
246 ist nicht durch 4 teilbar, weil 46 nicht aus der Viererreihe ist.

**E** Zahlen über 100 sind durch 4 teilbar, wenn die letzten beiden Ziffern eine Zahl aus der Viererreihe bilden.

**K** 158 ist z. B. nicht durch 4 teilbar, weil 58 nicht aus der Viererreihe ist.
664 ist z. B. durch 4 teilbar, weil 64 durch 4 teilbar ist.

## Vertiefen 3 Viele gleiche Faktoren zusammenfassen

Seite 39

**10 Viele gleiche Faktoren**

a)
$2 = 2$ 2 : 3 = 0 Rest 2
$2^2 = 4$ 4 : 3 = 1 Rest 1
$2^3 = 8$ 8 : 3 = 2 Rest 2
$2^4 = 16$ 16 : 3 = 5 Rest 1
$2^5 = 32$ 32 : 3 = 10 Rest 2
Es bleibt immer abwechselnd Rest 2, Rest 1, Rest 2,…, nie der Rest 0.

b) links:
$3 = 3$ 3 : 5 = 0 Rest 3
$3^2 = 9$ 9 : 5 = 1 Rest 4
$3^3 = 27$ 27 : 5 = 5 Rest 2
$3^4 = 81$ 81 : 5 = 16 Rest 1
$3^5 = 243$ 243 : 5 = 48 Rest 3
$3^6 = 729$ 729 : 5 = 145 Rest 4
$3^7 = 2187$ 2187 : 5 = 437 Rest 2
Bei Division durch 5 gibt es nur die Reste 0 bis 4. Bei den Zahlen hier kommt der Rest 0 nie vor.

rechts:

| (1) | (2) |
|---|---|
| $2^1 = 2$ | |
| $2^2 = 4$ | $4^1 = 4$ |
| $2^3 = 8$ | |
| $2^4 = 16$ | $4^2 = 16$ |
| $2^5 = 32$ | |
| $2^6 = 64$ | $4^3 = 64$ |
| $2^7 = 128$ | |
| $2^8 = 256$ | $4^4 = 256$ |

Die Reihe der Viererpotenzen springt immer zwei Zweierpotenzen weiter.

**11 Vollständige Zerlegungen von Zahlen kürzer aufschreiben**

a) Tills Zerlegungen stimmen.
Die nächste Zahl lautet:
$10\,000 = 2 \cdot 2 \cdot 2 \cdot 2 \cdot 5 \cdot 5 \cdot 5 \cdot 5$.

b) $100 = 2^2 \cdot 5^2$
$1000 = 2^3 \cdot 5^3$
$10\,000 = 2^4 \cdot 5^4$
Man kann auch schreiben:
$10 = 10^1$
$100 = 10^2$
$1000 = 10^3$
$10\,000 = 10^4$

**12 Tauschen und Vergleichen**

a) „4 hoch 3“ ist $4^3 = 4 \cdot 4 \cdot 4 = 64$
„3 hoch 4“ ist $3^4 = 3 \cdot 3 \cdot 3 \cdot 3 = 81$
Also ist „3 hoch 4“ größer als „4 hoch 3“.

b) *verschiedene Beispiele sind möglich:*
$2^5 = 2 \cdot 2 \cdot 2 \cdot 2 \cdot 2 = 32$ und $5^2 = 5 \cdot 5 = 25$
$2^7 = 2 \cdot 2 \cdot 2 \cdot 2 \cdot 2 \cdot 2 \cdot 2 = 128$ und $7^2 = 7 \cdot 7 = 49$
$3^5 = 3 \cdot 3 \cdot 3 \cdot 3 \cdot 3 = 243$ und $5^3 = 5 \cdot 5 \cdot 5 = 125$
*Mögliche Vermutung:* Wenn man beide Zahlen vertauscht, erhält man das größere Ergebnis, wenn die größere Zahl oben steht.
(Einzige Ausnahmen: $2^4 = 4^2$ und $2^3 < 3^2$)

Vielleicht hast du auch noch diese Ausnahmen gefunden $2^1 > 1^2$, $3^1 > 1^3$ gefunden. Das liegt daran, dass $1^3 = 1 \cdot 1 \cdot 1 = 1$ usw. immer gleich 1 ist.

**13 Zahlen basteln**

a) **Regel 1:**
zwei Zahlen:
$1 \cdot 2 = 2$, $1 \cdot 3 = 3$, $1 \cdot 4 = 4$, $1 \cdot 5 = 5$,
$2 \cdot 3 = 6$, $2 \cdot 4 = 8$, $2 \cdot 5 = 10$,
$3 \cdot 4 = 12$, $3 \cdot 5 = 15$, $4 \cdot 5 = 20$
drei Zahlen:
$1 \cdot 2 \cdot 3 = 6$, $1 \cdot 2 \cdot 4 = 8$, $1 \cdot 2 \cdot 5 = 10$,
$1 \cdot 3 \cdot 4 = 12$, $1 \cdot 3 \cdot 5 = 15$, $1 \cdot 4 \cdot 5 = 20$,
$2 \cdot 3 \cdot 4 = 24$, $2 \cdot 3 \cdot 5 = 30$, $2 \cdot 4 \cdot 5 = 40$,
$3 \cdot 4 \cdot 5 = 60$
vier Zahlen:
$1 \cdot 2 \cdot 3 \cdot 4 = 24$, $1 \cdot 2 \cdot 3 \cdot 5 = 30$,
$1 \cdot 2 \cdot 4 \cdot 5 = 40$, $1 \cdot 3 \cdot 4 \cdot 5 = 60$,
$2 \cdot 3 \cdot 4 \cdot 5 = 120$
fünf Zahlen:
$1 \cdot 2 \cdot 3 \cdot 4 \cdot 5 = 120$
**Regel 2:** *verschiedene Lösungen sind möglich,* z. B.
nur Addition mit 2, 3, 4 oder 5 Summanden:
$1 + 2 = 3$, $1 + 3 = 4$ usw.
nur Multiplikation mit 2, 3, 4 oder 5 Faktoren:
$1 \cdot 2 = 2$, $1 \cdot 3 = 3$, $1 \cdot 4 = 4$, $1 \cdot 5 = 5$ usw.,
Addition und Multiplikation mit 3 Zahlen:
$1 + 2 \cdot 3 = 7$, $1 + 2 \cdot 4 = 9$ usw.
$1 \cdot 2 + 3 = 5$, $1 \cdot 2 + 4 = 6$ usw.
Addition und Multiplikation mit 4 Zahlen:
$1 + 2 \cdot 3 \cdot 4 = 25$, $1 + 2 \cdot 3 \cdot 5 = 31$ usw.
$1 \cdot 2 + 3 \cdot 4 = 14$, $1 \cdot 2 + 3 \cdot 5 = 17$ usw.
$1 \cdot 2 \cdot 3 + 4 = 10$, $1 \cdot 2 \cdot 3 + 5 = 11$ usw.
$1 + 2 + 3 \cdot 4 = 15$, $1 + 2 + 3 \cdot 5 = 18$ usw.
$1 \cdot 2 + 3 + 4 = 9$, $1 \cdot 2 + 3 + 5 = 11$ usw.
$1 + 2 \cdot 3 + 4 = 11$, $1 + 2 \cdot 3 + 5 = 12$ usw.
Addition und Multiplikation mit 5 Zahlen:
$1 + 2 \cdot 3 \cdot 4 \cdot 5 = 121$, $1 \cdot 2 + 3 \cdot 4 \cdot 5 = 62$ usw.
$1 + 2 + 3 \cdot 4 \cdot 5 = 63$, $1 \cdot 2 + 3 + 4 \cdot 5 = 25$ usw.
$1 + 2 + 3 + 4 \cdot 5 = 26$, $1 \cdot 2 + 3 + 4 + 5 = 14$ usw.
**Regel 3:** *verschiedene Lösungen sind möglich,* z. B.
$1 \cdot 2 + 3^4 = 83$,
$1 + 2 \cdot 3 + 4^5 = 1031$

b) *verschiedene Lösungen sind möglich*

## Vertiefen 4 Zahlenforschung bei Teilern und Vielfachen

Seite 40

**14 Teilen im Kopf**

a) Es gibt viele Möglichkeiten wie man im Kopf rechnen kann, z. B.
(1) 50 ist 5 mal 10. Die 5 passt also 10-mal in die 50.
(2) 1000 ist 5 mal 200. Die 5 passt also 200-mal in die 1000.
(3) 250 ist 5 mal 50. Die 5 passt also 50-mal in die 250.

b) *verschiedene Lösungen sind möglich,* z. B.
Erst teilt man 100 Kirschen auf (jeder bekommt 20), dann 5 Kirschen (jeder noch eine), dann bleiben noch 2 Kirschen als Rest. Jede Person bekommt 21 Kirschen. Oder: 107 : 5 = 21 Rest 2

**15 Teilen mit Rest**

a) (1) 100 : 5 = 20 Rest 0
101 : 5 = 20 Rest 1
102 : 5 = 20 Rest 2
Das Ergebnis ist immer 20.
Nur der Rest verändert sich.
(2) 107 : 7 = 15 Rest 2
114 : 7 = 16 Rest 2
121 : 7 = 17 Rest 2
Der Rest ist immer 2.
(3) 10 : 3 = 3 Rest 1
20 : 3 = 6 Rest 2
40 : 3 = 13 Rest 1
Es kann nur die Reste 1 oder 2 geben.

b) (1) 103 : 5 = 20 Rest 3
104 : 5 = 20 Rest 4
105 : 5 = 21 Rest 0
106 : 5 = 21 Rest 1
Der Rest wächst immer um 1 wie die erste Zahl, bis die nächste durch 5 teilbare Zahl erreicht wird.
(2) 128 : 7 = 18 Rest 2
135 : 7 = 19 Rest 2
142 : 7 = 20 Rest 2
Der Rest ist immer 2.
(3) 80 : 3 = 26 Rest 2
160 : 3 = 53 Rest 1
320 : 3 = 106 Rest 2
Die Reste 1 oder 2 wechseln sich immer ab.

c) (1) 101 : 3 hat den größten Rest: 2
102 : 3 hat den kleinsten Rest: 0
(2) 1004 : 5 hat den größten Rest: 4
1000 : 5 hat den kleinsten Rest: 0
(3) 1234 : 4 und 1342 : 4 haben den größten Rest: 2
1324 : 4 hat den kleinsten Rest: 0
(4) 409 : 10 hat den größten Rest: 9
409 : 3 und 409 : 2 haben den kleinsten Rest: 1

(5) 999 : 11 und 99 999 : 11 haben den größten Rest: 9
99 : 11 und 9999 : 11 haben den kleinsten Rest: 0

**16 Reihen mit Dreiern**

**a)** (1) 1002
(2) 15
(3) 12 und 10 005
(4) keine Zahl
(5) 12 und 123

**b)** Die durch 3 teilbaren Zahlen sind unterstrichen:
(1) 1005, 1006, 1007, 1008, 1009, 1010, 1011, …
Jede dritte Zahl ist durch 3 teilbar.
(2) 25, 30, 35, 40, 45, 50, 55, 60, 65, 70, …
Jede dritte Zahl ist durch 3 teilbar.
(3) 100 006, 1 000 007, 10 000 008, …
Jede dritte Zahl ist durch 3 teilbar.
(4) 10 000, 100 000, 1 000 000, 10 000 000, …
Keine Zahl ist durch 3 teilbar.
(5) 12 345, 123 456, 1 234 567, 12 345 678, 123 456 789, 12 345 678 910,…
Es sind immer zwei Zahlen durch 3 teilbar, dann wieder eine Zahl nicht, usw.

**17 Gibt es quadratische Zahlen?**

**a)** *verschiedene Lösungen sind möglich,* z. B.
Die Anzahl der Stückchen in den quadratischen Schokoladentafeln ergibt die Zahlen 1, 4, 9, 16, …
Oder: Man kann 1, 4, 9, 16 usw. Schokoladenstückchen jeweils in einem Quadrat anordnen.

**b)** **links:**
$1^2 = 1$, $2^2 = 4$, $3^2 = 9$, $4^2 = 16$, $5^2 = 25$, $6^2 = 36$, $7^2 = 49$, $8^2 = 64$, $9^2 = 81$, $10^2 = 100$

**rechts:**
(zusätzliche Lösungen zu den Werten links)
$11^2 = 121$; $12^2 = 144$; $13^2 = 169$; $14^2 = 196$, $15^2 = 225$; $16^2 = 256$; $17^2 = 289$; $18^2 = 324$, $19^2 = 361$; $20^2 = 400$

**c)**

| | |
|---|---|
| 1 : 4 = 0 Rest 1 | 121 : 4 = 30 Rest 1 |
| 4 : 4 = 1 Rest 0 | 144 : 4 = 36 Rest 0 |
| 9 : 4 = 2 Rest 1 | 169 : 4 = 42 Rest 1 |
| 16 : 4 = 2 Rest 0 | 196 : 4 = 49 Rest 0 |
| 25 : 4 = 6 Rest 1 | 225 : 4 = 56 Rest 1 |
| 36 : 4 = 9 Rest 0 | 256 : 4 = 64 Rest 0 |
| 49 : 4 = 12 Rest 1 | 289 : 4 = 72 Rest 1 |
| 64 : 4 = 16 Rest 0 | 324 : 4 = 81 Rest 0 |
| 81 : 4 = 20 Rest 1 | 361 : 4 = 90 Rest 1 |
| 100 : 4 = 25 Rest 0 | 400 : 4 = 100 Rest 0 |

Es gibt immer abwechselnd Rest 0 und Rest 1.

**d)** Die Reste folgen immer dem (spiegelsymmetrischen) Muster 0, 1, 4, 9, 6, 5, 6, 9, 4, 1, 0.
Bei der Division durch 10 entspricht der Rest der letzten Stelle, den Einern.

**Seite 41**

**18 Teilbare Zahlen erzeugen**

*verschiedenen Lösungen sind möglich,* z. B.

**a)** (1) durch 2 teilbar:
2, 4, 6, 12, 14, 16, 24, 26, 46, 124, 126, 132 usw.
(2) durch 3 teilbar:
6, 12, 15, 21, 24, 36, 42, 45, 123 usw.
(3) durch 4 teilbar:
4, 12, 16, 24, 32, 36, 52, 312 usw.
(4) durch 5 teilbar:
15, 25, 35, 45, 65 usw.

**b)** (1) ändere die letzte Ziffer so, dass sie gerade ist, z. B. 13 570.
(2) 13 579 hat die Quersumme 25. Ändere eine Ziffer so, dass die Quersumme durch 3 teilbar ist,
z. B. 33 579.
(3) Die Zahl aus den letzten beiden Ziffern muss durch 4 teilbar sein, z. B. 13 576.
(4) 13 570 oder 13 575

**c)** (1) Die Quersumme ist bei beiden Summanden 45. Daher sind beide Summanden jeweils durch 9 teilbar und dann ist es auch ihre Summe.
(2) Beide Zahlen sind wegen ihrer Quersumme durch 9 teilbar. Von einer bestimmten Anzahl Neunerpäckchen wird eine bestimmte Anzahl von Neunerpäckchen weggenommen, dann bleibt ein Rest übrig, der in Neunerpäckchen aufteilbar ist.
(3) Die eingefügten Nullen ändern die Quersumme nicht. Die Quersumme ist jeweils 45, siehe (1).
(4) 999 999 999 hat eine durch 9 teilbare Quersumme, da jede Ziffer 9 ist.
111 111 111 hat die Quersumme 9. Also ist auch die Summe wieder durch 9 teilbar, siehe (1).

**19 Was Ferien und Zahnräder gemeinsam haben**

**a)** Martin: 3, 6, 9, **12**, 15, 18, 21, **24** …
Heike: 4, 8, **12**, 16, 20, **24** …
Elke: 6, **12**, 18, **24**, 30 …
Alle 12 Tage gehen die Freunde gemeinsam ins Schwimmbad.

b) rot (25 Zähne): 25, 50, 75, 100, 125, **150**, 175…
blau (30 Zähne): 30, 60, 90, 120, **150** …
Das rote Zahnrad dreht sich 6-mal, das blaue dreht sich in der gleichen Zeit 5-mal, dann sind die Punkte wieder zusammen.

c) Die Aufgaben a) und b) haben gemeinsam, dass man jeweils das kleinste gemeinsame Vielfache berechnen musste, um zum Ergebnis zu gelangen.
*Verschiedene Beispiele für solche Ferien- und Zahnradaufgaben sind möglich.*

**20 Gemeinsame Teiler, gemeinsame Vielfache**
Diese Aufgabe ist ein Spiel und hat deshalb keine Lösung.

## Vertiefen 1 Ergebnisse als Anzahlen und als Anteile angeben

Seite 60

**1 Welche Gruppe hat am besten geworfen?**

a) Anjas Gruppe: 3 Treffer, 4 Würfe
Tims Gruppe: 3 Treffer, 5 Würfe
Anjas Gruppe hat gewonnen, da sie weniger Versuche für gleich viele Treffer benötigt hat.

b) Pia hat das beste Ergebnis, da sie als Einzige bei mehr als der Hälfte der Würfe getroffen hat.

**2 Mehrere Versuche einzelner Kinder**

a) Till: 1 Treffer, 3 Würfe
Ole: 2 Treffer, 5 Würfe
Pia: 1 Treffer, 4 Würfe
Merve: 2 Treffer, 6 Würfe
Ole hat gewonnen, weil der angemalte Anteil bei ihm am größten ist.

b) Morten: 4 Treffer, 6 Würfe
Hannes: 3 Treffer, 4 Würfe
Kati: 2 Treffer, 3 Würfe
Hannes hat gewonnen. Man sieht es in der Streifentafel

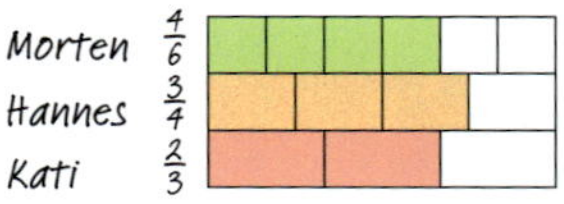


c) Maik und Lilly sind nach Maiks Darstellung gleich gut.
Maik hat geschummelt, da die Teile nicht alle gleich groß sind. Das muss beachtet werden.

Seite 61

**3 Wer bekommt am meisten Pizza?**

a) Ole $\frac{3}{7}$; Till $\frac{3}{5}$

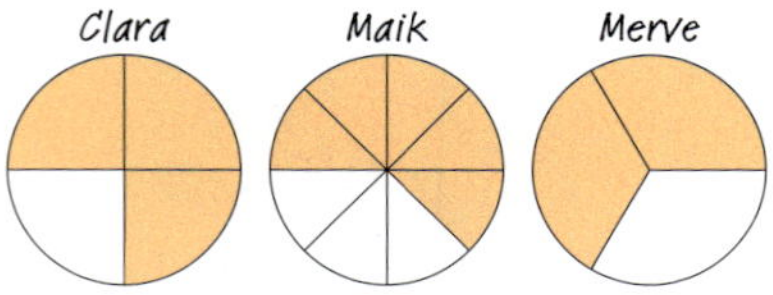


b) Clara hat am meisten Pizza bekommen

c) *mehrere Lösungen sind möglich,* z. B.
Wenn ich die Pizza in acht Stücke teile und zwei davon nehme $\left(\frac{1}{4}\right)$ und die gleiche Pizza in drei Stücke teile und nur ein Stück davon nehme $\left(\frac{1}{3}\right)$, hab ich mit einem Stück dieser Pizza mehr als mit zwei Stück *der anderen Pizza.*

d) *mehrere Lösungen sind möglich,* z. B.
**links:**
weniger als Ole: $\frac{2}{7}$; $\frac{3}{12}$; $\frac{1}{3}$ mehr als Ole: $\frac{5}{7}$; $\frac{6}{11}$; $\frac{1}{2}$

**rechts:**
mehr als Till: $\frac{4}{5}$; $\frac{3}{4}$; $\frac{5}{6}$
mehr als $\frac{1}{4}$, aber weniger als Ole: $\frac{2}{7}$; $\frac{2}{5}$; $\frac{3}{8}$

**4 Schokoladen teilen**

a) (1) Tim behält $\frac{1}{2}$ seines Stückes, Laura $\frac{1}{3}$ und Julian behält alles.
(2) Julian behält den größten Anteil.
(3) Julian muss am wenigsten abgeben, nämlich gar nichts. Laura am meisten.
(4) Tim und Laura behalten beide gleich viel, nämlich jeweils 10 Stücke.

b) Was am wichtigsten für dich ist, entscheidest du selbst. Geschaut wurde so:
(1) und (2) Anteile
(3) Anzahl (vielleicht aber auch Anteile gesehen)
(4) Anzahl

**5 Relativ oder absolut**

a) absolute Häufigkeiten: Aussagen ① und ③
relative Häufigkeiten: Aussagen ② und ④
z. B. Absolute Häufigkeiten geben nur Anzahlen an.
Relative Häufigkeiten geben einen Anteil an und treten als Wert zwischen 0 und 1 auf. Sie können als Bruchteil geschrieben sein.

b) *individuell verschiedene Lösungen sind möglich*
Lass deine Lösungen z. B. vom Nachbarn überprüfen.

c) z. B. Man sieht nicht notwendigerweise, wie groß das Ganze oder der Teil absolut sind.

## Vertiefen 2 Anteile vergleichen

Seite 62

**6 Bruchstreifen in der Computeranzeige**

a) Die Hälfte ist markiert.
1 von 2 GB ist auch die Hälfte: $\frac{1}{2}$

b)

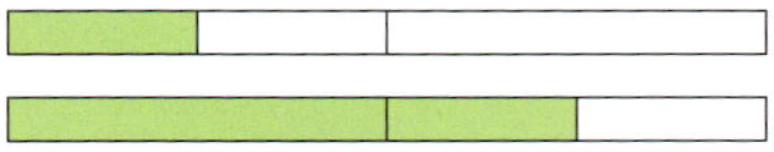

z. B. Bei der oberen Anzeige ist am wenigsten markiert, nämlich nur 1 Teil von 4. Bei sind schon zwei gleichgroße Teile markiert. Dann werden es immer mehr, wenn der Zähler größer wird. Man muss eigentlich nur schauen, welcher Streifen am längsten ist.

c) *individuell verschiedene Lösungen sind möglich,* z. B.

**7 Die Streifentafel**

a) Die Stücke werden von oben nach unten kleiner. Dies ist so, weil die gleich großen Streifen von oben nach unten in immer mehr gleich große Teile aufgeteilt werden.

b)

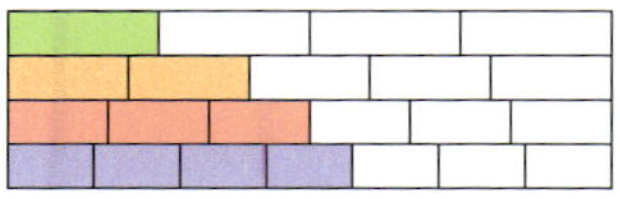

Die „Treppe" läuft nach rechts. 4 von 7 ist am längsten. Die drei weißen Teile, die jede Zeile enthält, werden immer kleiner, da der Streifen in immer mehr Teile zerlegt wird.

c) Merve: z. B. Die Anzahl der Anteile darf nicht vernachlässigt werden.
Till: z. B. $\frac{4}{6}$ ist genauso groß wie $\frac{2}{3}$ und das ist mehr als $\frac{1}{3}$.

**8 Kleiner, größer oder gleich?**

a) $\frac{1}{4} > \frac{1}{5}$; $\frac{3}{4} < \frac{4}{5}$; $\frac{8}{10} > \frac{4}{10}$; $\frac{2}{4} < \frac{3}{5}$

b) *individuell verschiedene Lösungen sind möglich,* z. B.
- Bei einer in vier Teile geschnittenen Pizza ist ein Stück größer als bei einer in 5 Teile geschnittenen Pizza.
- Drei Treffer bei vier Versuchen ist schlechter als vier Treffer bei fünf Versuchen.
- Acht von zehn Stiften sind mehr als vier von zehn Stiften.
- Zwei Treffer bei vier Versuchen ist genau die Hälfte.
- Drei Treffer bei fünf Versuchen ist mehr als die Hälfte, also hat die zweite Mannschaft besser getroffen.

c)

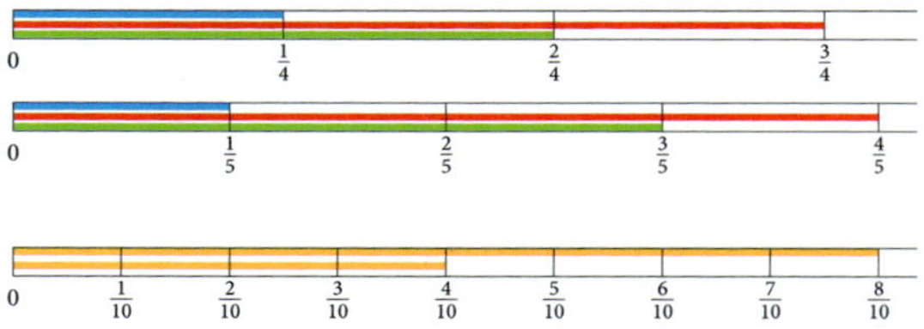

**9 Sortieren**

a) Grün: $\frac{2}{11} < \frac{2}{7} < \frac{2}{3} < \frac{2}{2}$ (z. B. Je größer der Nenner, desto kleiner der Wert des Bruches.)
Rot: $\frac{1}{2} < \frac{2}{3} < \frac{3}{4} < \frac{5}{6}$ (z. B. Wie viel fehlt bis 1? $\frac{1}{2}$; $\frac{1}{3}$; $\frac{1}{4}$; $\frac{1}{5}$; daher diese Reihenfolge)
Blau: $\frac{1}{4} < \frac{3}{8} < \frac{2}{3} < \frac{5}{6}$ (z. B. Gefühl, Vergleich mit $\frac{1}{2}$ und 1, Streifentafel)
Orange: $\frac{23}{100} < \frac{47}{100} < \frac{56}{100} < \frac{99}{100}$ (z. B. Nenner gleich, also nur Anzahl der Anteile vergleichen)

b) *verschiedene Vergleiche sind möglich*

c) *individuell verschiedene Lösungen sind möglich*

## Vertiefen 3 Gleich große Anteile finden

Seite 63

**10 Brüche verfeinern durch Falten**

a) *Falten nach Buchdarstellung*

b) $\frac{1}{2}$; $\frac{2}{4}$; $\frac{4}{8}$; $\frac{8}{16}$; …

Die Brüche geben jeweils den gleich bleibenden gefärbten Anteil des Blattes an, nämlich die Hälfte. Beim Falten wird das Blatt immer in kleinere Flächen aufgeteilt, wobei immer die Hälfte des ganzen Blattes markiert bleibt. Zu Beginn ist eine Fläche von zweien markiert. Im nächsten Schritt 2 von 4. Dann 4 von 8, usw. Daher steht im Zähler immer die Hälfte vom Nenner.

c) $\frac{1}{4}$; $\frac{2}{8}$; $\frac{4}{16}$; …

**11 Alle gleich gut – alle gleich viel**

a) Anna bekommt 4 Stücke.
Die dritte Pizza hat 18 Stücke.

b) Khaleds Team hat 6 von 15 Würfen getroffen.
Renés Team 10-mal getroffen bei 25 Versuchen.

c) *verschiedene Situationen sind möglich,* z. B.
Paul hat in 7 Fußballspielen 5 Tore geschossen.
Michael hat in 21 Spielen 15 Tore geschossen.
Beide haben eine gleich gute Trefferquote.

d) z. B. zu a): Wenn die Pizza in doppelt so viele Stücke geschnitten wird, dann bekommt auch jeder doppelt so viele Stücke, damit man genau so viel zu essen hat. Wenn die Pizza in dreimal so viele gleich große Stücke geschnitten ist, bekommt jeder dreimal so viele Stücke.
z. B. zu b): Khaleds Team hat 3-mal so oft geworfen wie Sverres Team, daher müssen sie auch

3-mal so oft treffen, damit beide Teams gleich gut sind.
Renés Team hat 5-mal so oft getroffen wie Sverres Team. Damit sie gleich gut sind, muss Renés Team auch 5-mal so häufig werfen.

z. B. zu c): Michael hat 3-mal so häufig getroffen wie Paul. Da er auch 3-mal so häufig gespielt hat, sind beide gleich gut.

## Vertiefen 4 Brüche erweitern und kürzen

**Seite 64**

**12 Bruchbilder**

a) *mehrere Lösungen sind möglich,* z. B.
*Gelb:* $\frac{2}{8}; \frac{4}{16}; \frac{12}{48}; \frac{6}{24}; \frac{1}{4}$ *Blau:* $\frac{2}{3}; \frac{18}{27}; \frac{6}{9}$ *Rot:* $\frac{2}{6}; \frac{1}{3}; \frac{4}{12}; \frac{3}{9}$

b) z. B. Wenn man die Einteilung vergröbert, indem man sich die Mittellinie wegdenkt, sieht man, dass ein Teil von vieren ausgemalt ist.

c) *individuell verschiedene Lösungen sind möglich*

**13 Pfeilbilder zum Erweitern und Kürzen**

a)
(1) $\frac{3}{7} = \frac{12}{28}$ (·4, ·4)
(2) $\frac{3}{4} = \frac{9}{12} = \frac{45}{60}$ (·3, ·5; ·3, ·5)
(3) $\frac{4}{7} = \frac{16}{28}$ (·4, ·4)
(4) $\frac{2}{100} = \frac{12}{600} = \frac{84}{4200}$ (·6, ·7; ·6, ·7)
(5) $\frac{40}{100} = \frac{8}{20} = \frac{2}{5}$ (:5, :4; :5, :4)
(6) $\frac{12}{15} = \frac{4}{5}$ (:3, :3)

b) *verschiedene Lösungen sind möglich,* z. B.
zu (1) 

zu (3) Beim Schuhwerfen hat Tobias' Team 7-mal geworfen und 4-mal landete der Schuh im Kreis. Martas Team ist größer und darf daher 28-mal werfen. Sie wollen genauso gut sein wie das Team von Tobias, also müssen sie 16-mal treffen. (Denn es sind viermal so viele Personen, also müssen sie auch viermal so viele Treffer haben.)

c) Wenn beide Gruppen gleich gut sein sollen, ist Merves Aussage falsch. $\frac{4}{7}$ ist nicht gleich $\frac{16}{19}$. Denn, wenn man 4-mal so oft trifft, muss man auch 4-mal so oft werfen, damit es gleich gut ist.

d) $\frac{2}{6} = \frac{4}{12} = \frac{6}{18}$ (·2, ·3; ·2, ·3) $\frac{2}{5} = \frac{6}{15} = \frac{10}{25}$ (·3, ·5; ·3, ·5)

**14 Viele Möglichkeiten**

a) (1) $\frac{4}{1} = \frac{20}{5}; \frac{4}{2} = \frac{20}{10}; \frac{4}{3} = \frac{20}{15}$ (links Zahl einsetzen, rechts das Fünffache)
(2) $\frac{1}{3} = \frac{20}{60}; \frac{2}{3} = \frac{20}{30}; \frac{3}{3} = \frac{20}{20}; \frac{4}{3} = \frac{20}{15}; \frac{5}{3} = \frac{20}{12}; \frac{10}{3} = \frac{20}{6};$
$\frac{20}{3} = \frac{20}{3}; \frac{60}{3} = \frac{20}{1}$
(3) $\frac{1}{36} = \frac{45}{1620}; \frac{2}{36} = \frac{45}{810}; \frac{3}{36} = \frac{45}{540}; \frac{4}{36} = \frac{45}{405};$
$\frac{5}{36} = \frac{45}{324}; \frac{6}{36} = \frac{45}{270}; \frac{9}{36} = \frac{45}{180}; \frac{10}{36} = \frac{45}{162};$
$\frac{12}{36} = \frac{45}{135}; \frac{15}{36} = \frac{45}{108}; \frac{18}{36} = \frac{45}{90}; \frac{20}{36} = \frac{45}{81}; \frac{27}{36} = \frac{45}{60};$
$\frac{30}{36} = \frac{45}{54}; \frac{36}{36} = \frac{45}{45}; \frac{45}{36} = \frac{45}{36}; \frac{54}{36} = \frac{45}{30}; \frac{60}{36} = \frac{45}{27};$
$\frac{81}{36} = \frac{45}{20}; \frac{90}{36} = \frac{45}{18}; \frac{108}{36} = \frac{45}{15}; \frac{135}{36} = \frac{45}{12}; \frac{162}{36} = \frac{45}{10};$
$\frac{180}{36} = \frac{45}{9}; \frac{270}{36} = \frac{45}{6}; \frac{324}{36} = \frac{45}{5}; \frac{405}{36} = \frac{45}{4};$
$\frac{540}{36} = \frac{45}{3}; \frac{810}{36} = \frac{45}{2}; \frac{1620}{36} = \frac{45}{1}$

b) *individuell verschiedene Lösungen sind möglich*

**Seite 65**

**15 Kürzen, aber wodurch?**

a) Hier kann man öfter mit kleinen Zahlen kürzen oder gleich größere Zahlen zum Kürzen finden, z. B.
(1) $\frac{28}{70} = \frac{14}{35} = \frac{2}{5}$ (2) $\frac{42}{63} = \frac{6}{9} = \frac{2}{3}$ (3) $\frac{42}{126} = \frac{7}{21} = \frac{1}{3}$

b) *individuell verschiedene Lösungen sind möglich*
Bei kleinen Zahlen im Zähler und im Nenner weißt du sicher oft, in welcher Reihe sie sind. Bei großen Zahlen weiß man das meist nicht. Dann hilft nur Pias Weg. Beispiel für Tills Weg: $\frac{21}{28} = \frac{3}{4}$ (mit 7 gekürzt, da beide Zahlen in der 7er-Reihe sind.
Beispiel für Pias Weg: $\frac{60}{150} = \frac{6}{15} = \frac{2}{5}$ (erst mit 10 gekürzt, dann mit 3).
Für Tills Weg gehst du die Mal-Reihen durch, das ist bei großen Zahlen umständlich. Bei Pias Weg nutzt du die Teilbarkeitsregeln.

**16 Erwürfelte Aufgaben zum Kürzen und Erweitern**

a), b) *individuell verschiedene Lösungen sind möglich*

c) *verschiedene Lösungen sind möglich,* z. B.
Beim Erweitern werden die Anteile „verfeinert“
Wer einen von vier Würfen getroffen hat, war genauso gut, wie jemand, der von 20 Würfen 5 getroffen hat. Er hat 5-mal so oft geworfen und 5-mal so oft getroffen.

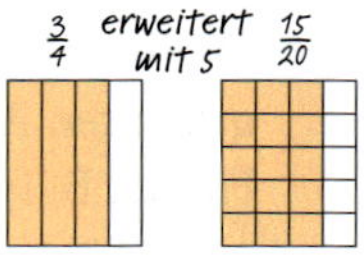


**17 Kürzen**

a) (1) $\frac{1}{2}$ (2) $\frac{2}{3}$ (3) $\frac{1}{2}$ (4) $\frac{1}{2}$ ⋮ (1) $\frac{2}{3}$ (2) $\frac{2}{5}$ (3) $\frac{3}{4}$ (4) $\frac{1}{5}$

b) *individuell verschiedene Lösungen sind möglich*

**c)** z. B. In der Alltagssprache heißt Kürzen „Reduzieren", „etwas davon wegnehmen", z. B. eine Hose kürzen (abschneiden); das Taschengeld kürzen (dann gibt es weniger Taschengeld). Erweitern heißt im Alltag „Vermehren", „Vergrößern", „etwas dazu tun", z. B. Eine Fußballmannschaft hat ihr Team um weitere zwei Spieler erweitert. Die Pupille erweitert (vergrößert) sich, wenn es dunkel wird, damit mehr Licht hineinkommt.
In der Mathematik ändert sich der Wert eines Anteils durch Kürzen oder Erweitern nicht.

## Vertiefen 5 Brüche schätzen

**Seite 66**

**18 Anteile abschätzen und mit Streifen vergleichen**

**a)** (1) $\frac{1}{5}; \frac{1}{8}$ (2) $\frac{2}{5}; \frac{3}{8}$ (3) $\frac{11}{12}; \frac{5}{6}$

**b)**

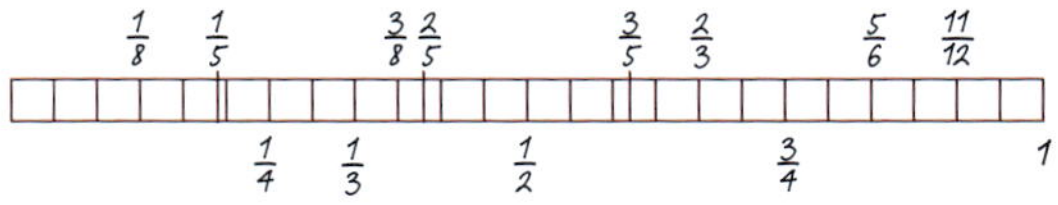


**19 Schätzen mit der Streifentafel**

Die hier geschätzten Ergebnisse müssen nicht genau mit deinen übereinstimmen. Schau bei Abweichungen in die Streifentafel, ob du nicht zu viel daneben geschätzt hast.

**a)** **links:**
(1) $\frac{1}{2}$ (2) $\frac{1}{3}$ (3) $\frac{3}{10}$ (4) $\frac{3}{7}$

**rechts:**
(1) $\frac{3}{4}$ (2) $\frac{3}{5}$ (3) $\frac{1}{5}$ (4) $\frac{3}{4}$ (oder $\frac{8}{10}$)

**b)** *verschiedene Lösungen sind möglich*

z. B. (1) $\frac{51}{99}$ (2) $\frac{31}{42}$ ⋮ z. B. (1) $\frac{16}{100}$ (2) $\frac{11}{20}$

Um zu schauen, ob richtig überlegt wurde, tauscht die Hefte und lasst die gefundenen Zahlen runden. Dann vergleicht mit den Zahlen im Buch. (Es müssen aber nicht immer ganz genau dieselben Zahlen herauskommen.)

**20 Womit spielen Jungen und Mädchen in ihrer Freizeit?**

**a)** z. B.

| Spiele | Jungen | Mädchen |
|---|---|---|
| Computer | $\frac{3}{10}$ oder $\frac{1}{3}$ | $\frac{2}{10}$ |
| Spielkästen | $\frac{1}{4}$ | $\frac{1}{10}$ |
| Puzzeln | $\frac{1}{10}$ | $\frac{1}{5}$ |
| Puppen | $\frac{1}{30}$ | $\frac{1}{4}$ |
| Sammelkarten | $\frac{1}{5}$ | $\frac{1}{16}$ |

**b)** z. B.

| Spiele | Jungen | Mädchen |
|---|---|---|
| Computer | $\frac{30}{100}$ | $\frac{22}{100}$ |
| Spielkästen | $\frac{25}{100}$ | $\frac{10}{100}$ |
| Puzzeln | $\frac{10}{100}$ | $\frac{20}{100}$ |
| Puppen | $\frac{3}{100}$ | $\frac{25}{100}$ |
| Sammelkarten | $\frac{20}{100}$ | $\frac{6}{100}$ |

**c)** Der größte Unterschied zwischen den Ergebnissen ist bei Puppen.

**d)** *individuelle Lösungen*, z. B. dass so wenig Mädchen Sammelkarten mögen

## Vertiefen 6 Einen gemeinsamen Nenner suchen

**Seite 67**

**21 Gleiche Nenner gesucht**

**a)** Ole zeichnet die Anteile ein. Vom Ende der Markierungen zeichnet er je eine Linie nach unten, um Streifen zu finden, die eine Markierung auf gleicher Höhe haben. Er erkennt, dass dies beim 12er-Streifen der Fall ist. Damit kann er beide Anteile auch mit Nenner 12 schreiben. Der Streifen von $\frac{3}{4}$ ist länger, deshalb ist $\frac{3}{4}$ größer.

**b)** *verschiedene Lösungen sind möglich*, z. B.

(1) $\frac{3}{4} = \frac{6}{8}; \frac{3}{4} < \frac{7}{8}$ (2) $\frac{3}{6} = \frac{6}{12}; \frac{3}{6} > \frac{3}{12}$

(3) $\frac{7}{20} = \frac{35}{100}; \frac{7}{20} > \frac{3}{100}$

(4) $\frac{1}{2} = \frac{3}{6}; \frac{2}{3} = \frac{4}{6}; \frac{1}{2} < \frac{2}{3}$

(5) $\frac{1}{4} = \frac{5}{20}; \frac{2}{5} = \frac{8}{20}; \frac{1}{4} < \frac{2}{5}$

(6) $\frac{70}{100} = \frac{7}{10}; \frac{3}{5} = \frac{6}{10}; \frac{70}{100} > \frac{3}{5}$

**c)** leicht: (1) und (2), da der eine Nenner das Doppelte des anderen Nenners ist;
vielleicht länger gesucht: (3);
gemeinsamer Nenner ist Produkt ((4), (5));
bei (6) entweder 100 als gemeinsamer Nenner, oder auch 10 nach Kürzen

**d)** *verschiedene Lösungen sind möglich*, z. B.

(1) Bei $\frac{3}{4}$ fehlt noch $\frac{1}{4}$ bis zum Ganzen, bei $\frac{7}{8}$ noch $\frac{1}{8}$. Da $\frac{1}{8} < \frac{1}{4}$, ist $\frac{7}{8} > \frac{3}{4}$.
Du kannst aber auch eine Zeichnung anlegen.

(2) Sechstel sind größer als Zwölftel. Da von beiden gleich viele genommen werden, nämlich 3, sind $\frac{3}{6} > \frac{3}{12}$.

(3) $\frac{7}{20}$ ist mehr als $\frac{1}{4}$ und $\frac{3}{100}$ ist viel weniger als $\frac{1}{4}$, also $\frac{7}{20} > \frac{3}{100}$

(4) $\frac{1}{2}$ ist die Hälfte und $\frac{2}{3}$ ist mehr als die Hälfte, also $\frac{1}{2} < \frac{2}{3}$

(5) $\frac{1}{4} = 25\,\%$; $\frac{2}{5} = 40\,\%$; $\frac{1}{4} < \frac{2}{5}$

(6) $\frac{70}{100} = 70\,\%$; $\frac{3}{5} = 60\,\%$; $\frac{70}{100} > \frac{3}{5}$

**22 Gemeinsam, aber klein.**

a) 40 ist das Doppelte von 20. Also kann der Bruch mit Nenner 20 mit 2 erweitert werden zu einem Bruch mit Nenner 40. 40 ist ein kleinerer gemeinsamer Nenner, hier sogar der kleinste.

b) (2) Nenner multiplizieren 180
12er-Reihe: 12, 24, 36, 48, 60, 72 …
15er-Reihe: 15, 30, 45, 60, 75 … also 60

(3) Nenner multiplizieren 165
11er-Reihe: 11, 22, 33, 44, 55, 66, 77, 88, 99, 110, 121, 132, 143, 154, 165, 176 …
15er-Reihe: 15, 30, 45, 60, 75, 90, 105, 120, 135, 150, 165, 180 … also 165

(4) Nenner multiplizieren 1800;
90er-Reihe: 90, 180, 270 …
20er-Reihe: 20, 40, 60, 80, 100, 120, 140, 160, 180, 200 … also 180

c) *individuelle Beispiele sind möglich*

**23 Wer findet den letzten Bruch dazwischen**

*viele Lösungen sind möglich,* z. B.

$\frac{2}{9} = \frac{4}{18}$ und $\frac{1}{3} = \frac{6}{18}$, also ist $\frac{5}{18}$ ein möglicher Bruch dazwischen.

Mit Erweitern kann man immer noch einen Bruch finden, der zwischen zwei anderen Brüchen liegt.

Jedoch gelangt man beim Zeichnen an eine Grenze, wo man keine Brüche mehr einzeichnen kann.

## Vertiefen 7 Anteile als Brüche und als Prozentzahlen darstellen

Seite 68

**24 Prozentzahlen und Bilder**

a) (1) 75 % (auch 25 % weiß) (2) 30 % (3) 40 %
(4) 25 % (auch 75 % weiß) (5) keine

b) übrig sind 50 %, 80 %, 5 % und (5) $33\frac{1}{3}$ %; ca. 33 %
*verschiedene Zeichnungen sind möglich,* z. B.

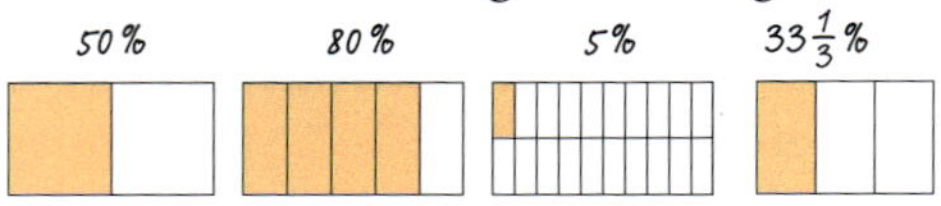


**25 Was machen wir am Wandertag?**

a) *verschiedene Schätzungen sind* möglich, z. B.
Klettern: 40 %, Bootfahren: 35 %, Museum: 25 %

b) Klettern: $\frac{2}{20} = 10\,\%$; Museum: $\frac{6}{20} = 30\,\%$;
Bootfahren: $\frac{8}{20} = 40\,\%$; Radtour: $\frac{4}{20} = 20\,\%$

**26 Downloadanzeigen**

a) ca. 60 MB von 1200 MB sind 5 % oder auch $\frac{1}{20}$.

b) Für die verbleibenden 95 % oder auch $\frac{19}{20}$ sind noch ca. 5,5 h (330 min) nötig, für 5 % oder $\frac{1}{20}$ demnach 330 : 19 ≈ 17, also 17 min.
insgesamt ca. 330 min + 17 min = 347 min, d. h. 5 h 47 min
Wenn du hier einen sinnvollen Wert (unter 6 h) schätzt, ist das auch gut.

**27 Mehrere Lösungen**

*verschiedene Lösungen sind möglich,* z. B.

**links:**

(1) $\frac{1}{10} = 10\,\%$; $\frac{2}{20} = 10\,\%$; $\frac{5}{50} = 10\,\%$

(2) $\frac{1}{5} = 20\,\%$; $\frac{2}{5} = 40\,\%$; $\frac{5}{5} = 100\,\%$

(3) $\frac{1}{4} = 25\,\%$; $\frac{2}{8} = 25\,\%$; $\frac{4}{16} = 25\,\%$

(4) $\frac{1}{10} = 10\,\%$; $\frac{2}{10} = 20\,\%$; $\frac{5}{10} = 50\,\%$

**rechts:**

(1) $\frac{16}{100} = 16\,\%$; $\frac{8}{50} = 16\,\%$; $\frac{4}{25} = 16\,\%$

(2) $\frac{1}{5} = 20\,\%$; $\frac{2}{5} = 40\,\%$; $\frac{5}{5} = 100\,\%$

(3) $\frac{1}{5} = 20\,\%$; $\frac{1}{4} = 25\,\%$; $\frac{1}{10} = 10\,\%$

(4) $\frac{3}{5} = 60\,\%$; $\frac{3}{10} = 30\,\%$; $\frac{3}{4} = 75\,\%$

Seite 69

**28 Prozentzahlen, die sich nicht kürzen lassen**

alle Zähler (Prozentangaben), die nicht durch 2 und nicht durch 5 teilbar sind: 3, 7, 9, 11, 13, 17, 19, 21, 23, 27, 29, 31, 33, 37, 39, 41, 43, 47, 49, 51, 53, 57, 59, 61, 63, 67, 69, 71, 73, 77, 79, 81, 83, 87, 89, 91, 93, 97, 99

**29 Dezimalzahlen und Brüche**

a) 0,4 hat 4 Zehntel (40 Hundertstel);
0,43 hat 4 Zehntel und 3 Hundertstel (43 Hundertstel)

b)

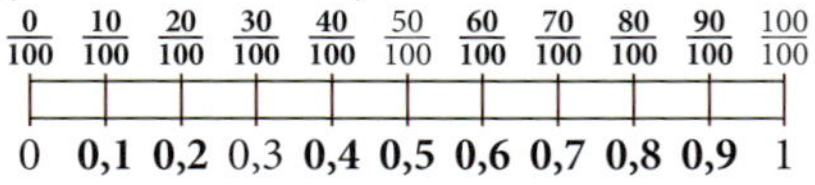

**30 Prozente und Dezimalzahlen**

a)
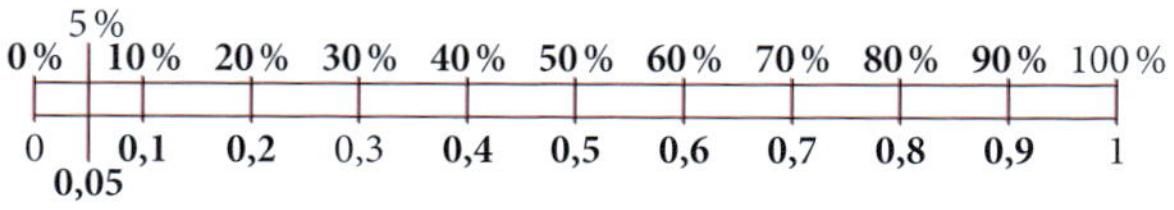


b) z. B. $31\,\% = \frac{31}{100} = 0{,}31$; $0{,}7 = \frac{7}{10} = \frac{70}{100} = 70\,\%$

c) *individuelle Beispiele sind möglich*

**31 Zahlen in verschiedenen Darstellungen**

a)

| Dezimalzahl | Prozentzahl | Bruch |
|---|---|---|
| 0,50 = 0,5 | 50 % | $\frac{50}{100} = \frac{1}{2}$ |
| 0,05 | **5 %** | $\frac{5}{100} = \frac{1}{20}$ |
| **0,75** | **75 %** | $\frac{3}{4}$ |
| **0,44** | 44 % | $\frac{44}{100} = \frac{11}{25}$ |
| 1,8 | **180 %** | $\frac{18}{10} = \frac{9}{5}$ |
| **0,4** | **40 %** | $\frac{2}{5}$ |
| **0,12** | **12 %** | $\frac{3}{25}$ |

b) Schätze mit Hilfe der gezeichneten Streifen ab, ob du bei den ermittelten Ergebnissen z. B. keine Fehler in den Stellen der Prozentangaben oder auch bei den Dezimalzahlen gemacht hast.

Seite 70

**32 Stille Post**
*Schaut, ob alle Zahlen und Bilder zusammenpassen können. Fragt eine andere Gruppe, wenn ihr unsicher seid.*

**33 Apfelschorle in Anteilen**

a) $\frac{5}{8} = 62{,}5\,\%$ Apfelsaftanteil oder $\frac{3}{8} = 37{,}5\,\%$ Wasseranteil, also hat Ole einen höheren Apfelsaftanteil in seiner Schorle.

b) (1) 25 % (2) 50 % (3) 40 % (4) 20 %

c) (1) $50\,\% = \frac{1}{2}$ (2) 100 % (3) 80 % (4) 40 %

**34 Mädchenanteil im Fach Technik**

Adam-Ries-Schule: $\frac{31}{120} > \frac{30}{120} = \frac{1}{4} = 25\,\% > 20\,\%$; Ziel erreicht

Am-Berg-Schule: $\frac{7}{33} = \frac{21}{99} > \frac{21}{100} = 21\,\% > 20\,\%$; Ziel erreicht

Sophie-Scholl-Schule: $\frac{21}{96} > \frac{21}{100} = 21\,\% > 20\,\%$; Ziel erreicht

Lingua-Schule: $\frac{12}{63} < \frac{12}{60} = \frac{1}{5} = 20\,\%$; Ziel nicht erreicht

**35 Ausverkauf**

Ball: 10 € weniger ist $\frac{1}{4}$, also 25 %, preiswerter. Es sollte hier das Angebot „30 % billiger!“ angenommen werden.

CD: Hier sollte das Angebot „Alles für die Hälfte!“ angenommen werden. Die Hälfte sind 50 % Rabatt, also mehr als 20 %.

Teddy: Das Angebot „Von 10 € auf 7 € heruntergesetzt“, ist mit 30 % Preisnachlass besser als 10 %. Also dieses Angebot wählen.

## Vertiefen 8 Anteile mit Bildern addieren und subtrahieren

Seite 71

**36 Eigene Zeiteinteilung**
*individuelle Ergebnisse sind möglich*

**37 Ergebnisse abschätzen**
*mehrere Ergebnisse sind möglich*
Es hängt davon ab, welche Zeile der Streifentafel du zum Schätzen genutzt hast. Den Vergleich mit $\frac{1}{4}$, $\frac{1}{2}$, $\frac{3}{4}$ und 1 kann man besser kontrollieren.

**links:**
(1) weniger als 1, ungefähr $\frac{5}{6}$
(2) ungefähr $\frac{3}{4}$ oder $\frac{5}{7}$
(3) weniger als $\frac{1}{4}$, ungefähr $\frac{1}{5}$ oder $\frac{1}{6}$
(4) etwas weniger als $\frac{1}{2}$, ungefähr $\frac{3}{7}$

**rechts:**
(1) ungefähr $\frac{1}{2}$
(2) weniger als $\frac{1}{4}$, ungefähr $\frac{1}{7}$
(3) mehr als $\frac{1}{2}$, ungefähr $\frac{3}{5}$
(4) ganz wenig mehr als $\frac{1}{2}$, ungefähr $\frac{1}{2}$

**38 Kuchenreste zusammenschieben**

a)
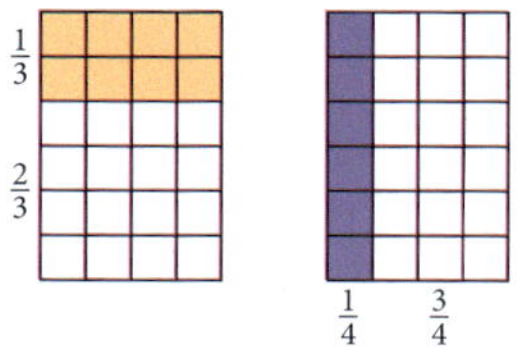


b)
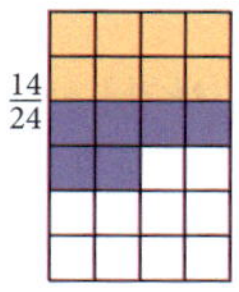


c) $\frac{1}{3} + \frac{1}{4} = \frac{8}{24} + \frac{6}{24} = \frac{14}{24} = \frac{7}{12}$; $\frac{1}{3} + \frac{1}{4} = \frac{3}{12} + \frac{4}{12} = \frac{7}{12}$

d) $\frac{2}{3} + \frac{3}{4} = \frac{16}{24} + \frac{18}{24} = \frac{34}{24} = \frac{17}{12}$, das sind 1 Ganzes und $\frac{5}{12}$ (kurz geschrieben $1\frac{5}{12}$)
oder: Auf dem einen Blech mit dem $\frac{2}{3}$ Kuchen sind noch 8 Stücke frei. $\frac{3}{4}$ sind 18 Stücke, es bleiben also noch 10 Stücke mehr, als auf ein Blech passen. Also $1\frac{10}{24}$ Kuchen.

**Seite 72**

**39 Anteile zusammenfassen**

a) (1) $\frac{1}{3}+\frac{1}{6}=\frac{3}{6}$ (2) $\frac{1}{4}+\frac{9}{24}=\frac{15}{24}$ (3) $\frac{1}{5}+\frac{6}{15}=\frac{9}{15}$

b) *individuelle Ergebnisse sind möglich*

c) *verschiedene Lösungen sind möglich;* z. B.
(1) $\frac{1}{3}-\frac{1}{6}=\frac{1}{6}$ (2) $\frac{9}{24}-\frac{1}{4}=\frac{3}{24}$ (3) $\frac{6}{15}-\frac{1}{5}=\frac{3}{15}$

**40 Seltsame Ergebnisse beim Addieren**

a) Oles Ergebnis ist falsch, da er in seinem Bild die Anteile teilweise übereinander gemalt hat. So gehen beim Abzählen 2 Kästchen verloren, und sein Ergebnis wird zu klein.
Die Kästchen dürfen nicht übereinander gezeichnet werden. Ergebnis: $\frac{11}{12}$.

b) Nein, Merve hat nicht $\frac{3}{4}$ Schokolade. Das liegt daran, dass sie Anteile von zwei unterschiedlich großen Tafeln nimmt. Die Tafeln haben eine unterschiedliche Form und unterschiedlich viele Stücke. Bei der Addition von Brüchen muss man darauf achten, dass sich beide auf dasselbe Ganze beziehen.

**41 Trinken ist wichtig**

a) 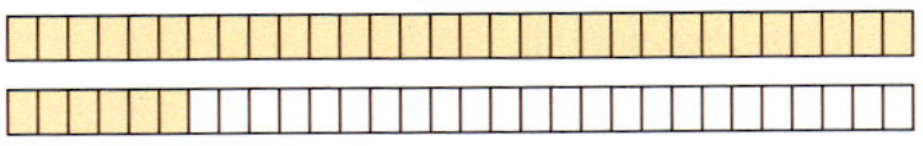

36 Kästchen

b) 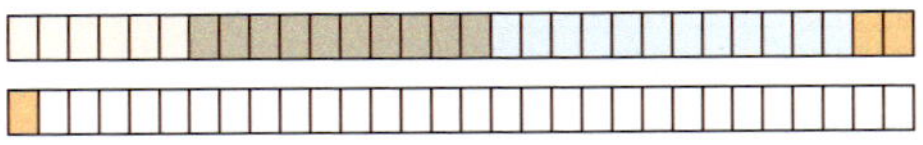

$\frac{5}{30}=\frac{1}{6}$ [Liter] fehlen noch.

c), d) *individuelle Lösungen sind möglich*

## Vertiefen 9 Brüche ohne Bilder addieren und subtrahieren

**Seite 73**

**42 Größte und kleinste Summen und Differenzen finden**

a) **links:**
(1) $\frac{5}{6}; \frac{3}{4}; \frac{3}{10}$ (2) $\frac{7}{9}; \frac{1}{9}; \frac{7}{36}$

**rechts:**
(1) $\frac{12}{35}; \frac{5}{12}; \frac{8}{15}$ (2) $\frac{7}{9}; \frac{7}{8}; \frac{33}{35}$

b) **links:**
(1) Das erste Ergebnis ist das größte. Bei der ersten Aufgabe kommt am meisten dazu, bei einer wird sogar abgezogen.
(2) Das erste Ergebnis ist das größte. Bei allen anderen Aufgaben wird etwas $\frac{4}{9}$ von abgezogen.

**rechts:**
(1) Das letzte Ergebnis ist das größte. Der erste und der zweite Summand wird von oben nach unten größer, d. h. es werden immer größere Anteile addiert.
(2) Das letzte Ergebnis ist das größte. Hier wird zur 1 der größte Anteil addiert, nämlich $\frac{1}{7}$, und am wenigsten wieder abgezogen, nämlich $\frac{1}{5}$.

**43 Subtraktionsaufgaben mit Muster**

a) **links:**
(1) $\frac{1}{6}; \frac{1}{12}; \frac{1}{20}; \frac{1}{5}-\frac{1}{6}=\frac{1}{30}; \frac{1}{6}-\frac{1}{7}=\frac{1}{42}; \ldots$
(2) $\frac{1}{6}; \frac{1}{12}; \frac{1}{20}; \frac{5}{6}-\frac{4}{5}=\frac{1}{30}; \frac{6}{7}-\frac{5}{6}=\frac{1}{42}; \ldots$

**rechts:**
(1) $\frac{1}{12}; \frac{1}{30}; \frac{1}{56}; \frac{1}{9}-\frac{1}{10}=\frac{1}{90}; \frac{1}{11}-\frac{1}{12}=\frac{1}{132}; \ldots$
(2) $\frac{1}{6}; \frac{1}{12}; \frac{1}{20}; \frac{6}{5}-\frac{7}{6}=\frac{1}{30}; \frac{7}{6}-\frac{8}{7}=\frac{1}{42}; \ldots$

b) *verschiedene Einschätzungen sind möglich,* z. B.
Es ist günstig den gemeinsamen Nenner als Produkt der beiden Nenner zu bilden, da man bei allen Aufgaben keinen kleineren gemeinsamen Nenner als das Produkt der Nenner finden kann.

**44 Fehler in Rechnungen**

a) falsch sind (2), (3), (4) und (6)

b) (2) $\frac{1}{3}+\frac{1}{4}=\frac{7}{12}$ (3) $\frac{2}{3}+\frac{4}{5}=\frac{22}{15}$ (4) $\frac{2}{10}-\frac{1}{5}=0$
(6) $\frac{100}{100}-\frac{20}{50}=\frac{60}{100}$

c) z. B. Zähler oder / und Nenner werden jeweils addiert bzw. subtrahiert.

d) z. B. $\frac{5}{4}-\frac{3}{3}=\frac{2}{1}=2$ Wenn man von etwas mehr als einem Ganzen ein Ganzes abzieht, kann nicht zwei Ganze rauskommen.

**Seite 74**

**45 Zahlenmauern**

(1) 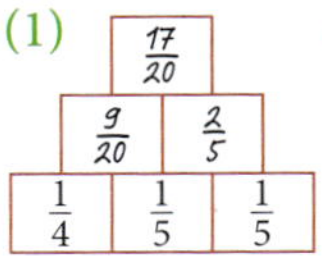


(2) 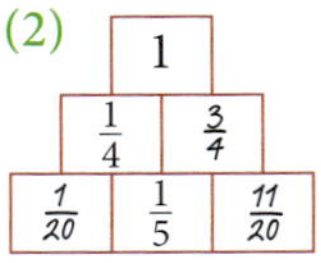


(3) 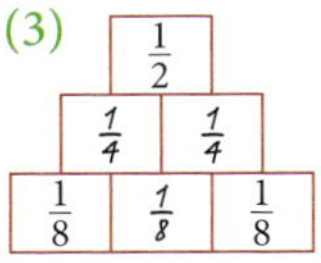


(4) z.B. 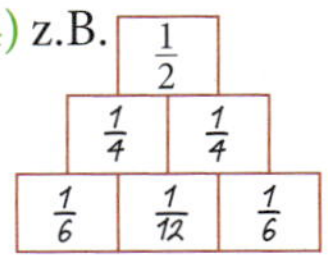


z.B. 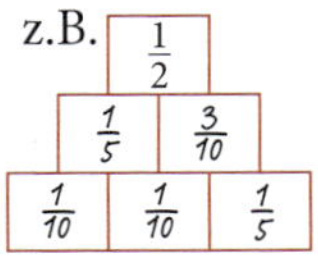

**46 Aufgaben gesucht**

*mehrere Lösungen sind möglich,* z. B.

$\frac{1}{2} + \frac{3}{4} = \frac{10}{8}$; $\frac{1}{3} + \frac{2}{4} = \frac{10}{12}$; $\frac{1}{2} + \frac{3}{5} = \frac{11}{10}$; $\frac{1}{3} + \frac{5}{8} = \frac{23}{24}$;
$\frac{1}{4} + \frac{2}{5} = \frac{13}{20}$

**47 Magische Quadrate**

a)

| | | |
|---|---|---|
| $\frac{1}{6}$ | $\frac{3}{8}$ | $\frac{1}{12}$ |
| $\frac{1}{8}$ | $\frac{5}{24}$ | $\frac{7}{24}$ |
| $\frac{1}{3}$ | $\frac{1}{24}$ | $\frac{1}{4}$ |

b) z. B.

| | | |
|---|---|---|
| $\frac{1}{3}$ | $\frac{3}{4}$ | $\frac{1}{6}$ |
| $\frac{1}{4}$ | $\frac{5}{12}$ | $\frac{7}{12}$ |
| $\frac{2}{3}$ | $\frac{1}{12}$ | $\frac{1}{2}$ |

**48 Ägyptische Brüche am Horus-Auge**

a) $1 - \frac{1}{2} - \frac{1}{4} - \frac{1}{8} - \frac{1}{16} - \frac{1}{32} - \frac{1}{64} = \frac{1}{64}$;
anderer Weg: Von oben nach unten kommt immer die Hälfte von dem dazu, was noch zum Ganzen fehlt. Nach dem vorletzten Schritt fehlt $\frac{1}{32}$. Im letzten Schritt kommt $\frac{1}{64}$ hinzu, sodass noch $\frac{1}{64}$ fehlt.

b) $\frac{1}{4} + \frac{1}{16} = \frac{5}{16}$

c) *individuelle Lösungen sind möglich;* zwei Wege:
1. einfach addieren und ausprobieren;
2. Algorithmus: jeweils den größtmöglichen Stammbruch schrittweise abziehen

**49 Lückenfüller**

*mehrere Lösungen sind möglich;*
Zahlenpaare der einzusetzenden Zahlen links und rechts:
(1) z. B. 1 | 13; 2 | 16; 3 | 19; 4 | 22; ...
(2) 3 | 2; 0 | 4; 6 | 0
(3) z. B. 9 | 2; 12 | 4; 15 | 6; 18 | 8; ...

Seite 75

**50 Selbst Aufgaben erstellen**

*individuelle Lösungen sind möglich*

**51 Versteckter Zucker**

a) z. B. Zucker ist eine Zutat, die bei übermäßigem Genuss als ungesund gilt. Hersteller vermeiden daher anzugeben, dass viel Zucker im Produkt enthalten ist.

b) *mehrere Lösungen sind möglich;* z. B.
Zuckeranteil: $\frac{1}{4}$; $\frac{1}{5}$; $\frac{1}{6}$; $\frac{1}{7}$; $\frac{1}{8}$; $\frac{1}{9}$; $\frac{2}{9}$; ...
mögliche Anteile in der Milchschnitte z. B.
$\frac{2}{5}$ Vollmilch, $\frac{1}{4}$ pflanzliche Öle, $\frac{1}{5}$ Zucker,
$\frac{2}{25}$ Weizenmehl, $\frac{1}{20}$ Honig, $\frac{1}{50}$ Kakao
darauf achten, dass gilt: Anteile Vollmilch > Öl > Zucker > Weizenmehl > Honig und dass die Addition stimmt

**52 Download mehrerer Dateien**

a) Film 1: ca. $\frac{12}{1200} = 1\,\%$; Film 2: ca. $\frac{6}{18} \approx 33\,\%$

b) Absolut betrachtet ist bei Film 1 der größere Download erfolgt: 11,6 MB gegenüber 5,7 MB. Relativ betrachtet ist bei Film 2 der größere Filmanteil downgeloadet: größerer Balken.

c) Der Fehler liegt darin, dass die Filme unterschiedlich groß sind und man daher die Anteile nicht einfach addieren darf. Die beiden Dateien zusammen sind 1200 + 17,8 = 1217,8 MB groß. Bereits heruntergeladen wurden insgesamt 11,6 + 5,7 = 17,3 MB. Also beträgt der heruntergeladene Anteil beider Dateien zusammen $\frac{173}{12\,178} \approx 0{,}014 = 1{,}4\,\%$.

## Vertiefen 10 Brüche im Alltag

Seite 76

**53 Eine Route planen**

a) $\frac{1}{2} + \frac{1}{2} + 2\frac{1}{2} + \frac{1}{3} + 2\frac{1}{4}$, das sind 6 Ganze und $\frac{1}{12}$ $\left(6\frac{1}{12}\right)$
Bis nach Bantzenheim benötigen sie $6\frac{1}{12}$ Stunden.

b) $13 - 6\frac{1}{12} - \frac{3}{4} - 5 = \frac{7}{6}$, das sind 1 Ganzes und $\frac{1}{6}$ $\left(1\frac{1}{6}\right)$
Von Neuenburg bis Heitersheim wird man etwas mehr Zeit benötigen als von Neuenburg bis Grißheim, vielleicht $1\frac{1}{2}$ Stunden.

**54 Bowle-Rezepte**

a) $1 - \frac{3}{8} - \frac{1}{4} = \frac{3}{8}$

b) 3 Liter Apfelsaft, 2 Liter Johannisbeersaft, 3 Liter Wasser

c) bereits mit Überschlag ist klar: In beiden Rezepten Pfirsichbowle:
$1 - \frac{1}{8} - \frac{1}{4} - \frac{1}{16} - \frac{1}{16} = \frac{1}{2} = 50\,\%$ [Wasser], also größer als 40 %
Trauben-Zucker-Bowle: $\frac{1}{5} + \frac{1}{20} = \frac{1}{4}$,
also $\frac{3}{4}$ Wasser = 75 %, also größer als 40 %

**55 Brüche bei Längenangaben**

a) $\frac{7}{8}$ m; $\frac{5}{6}$ m; $1\frac{3}{10}$ m;
$\frac{17}{24}$ m; $1\frac{7}{40}$ m; $1\frac{2}{15}$ m;
$1\frac{5}{24}$ m; $1\frac{27}{40}$ m;
$1\frac{19}{30}$ m; $1\frac{61}{120}$ m;
$2\frac{1}{120}$ m

b) *individuelle Lösungen sind möglich*;
z. B. für Grün-Lila

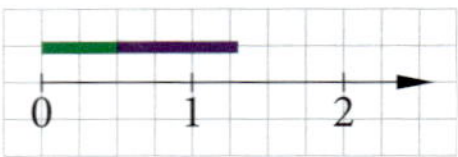


Die 1 steht für einen Meter.

**Seite 77**

56 **Den Tag planen – gegen die Freizeitdiebe**
*individuelle Lösungen sind möglich*

## Vertiefen 1 Richtungen mit Winkeln beschreiben

**Seite 90**

1 **Richtungen im Klassenraum**
*individuelle Lösungen sind möglich*

2 **Welche Orte sind erreichbar?**
a) Nord: ungefähr Barcelona; Ost: Marsala; Süd: Algier; Nordost: Pisa, ungefähr Bologna; Südwest: ungefähr Al-Asnam; Nordwest: Valencia
b) *verschiedene Lösungen sind möglich;* z. B. *40° Parma; 60° Olbia; 100° Tunis; 130° Batna; 280 °Cartagena; 300° Albacete*

**Seite 91**

3 **Welche Richtung?**
a) 40°
b) 35°
c), d) *individuelle Lösungen sind möglich*

4 **Hindernis umfahren**
a) *individuelle Lösungen sind möglich;* z. B. nach der Darstellung im Buch: vom Start aus mit 40° 3 cm weit, dann mit 102° 4 cm weit zum Ziel
b) *individuelle Lösungen sind möglich*

**Seite 92**

5 **Insel umfahren**
a) *individuelle Lösungen sind möglich;* z. B. bezogen auf Nord von Bastia aus mit 20° 50 km weit, dann mit 290° 210 km weit direkt nach Nizza
b) *individuelle Lösungen sind möglich;* z. B. bezogen auf Nord mit 140° 280 km weit, dann mit 90° 130 km weit, dann mit 190° 50 km weit direkt nach Olbia

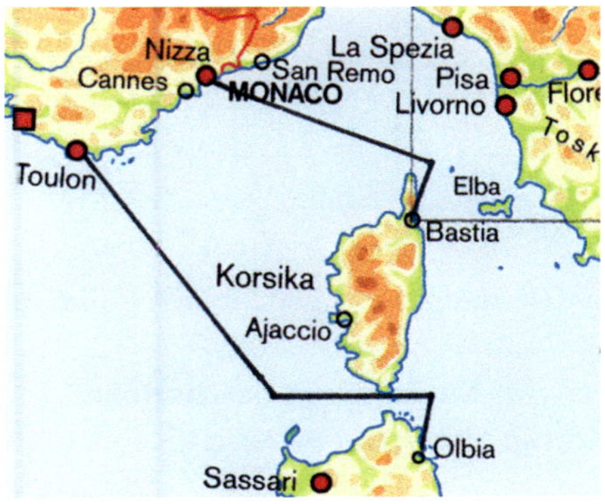


6 **Schatzkarte**
*individuelle Lösungen sind möglich*

**Seite 93**

7 **Leuchttürme**
Je nachdem, wie du die Begrenzungslinien zeichnest, kannst du unterschiedliche Winkelgrößen erhalten; z. B. wie in dem Bild

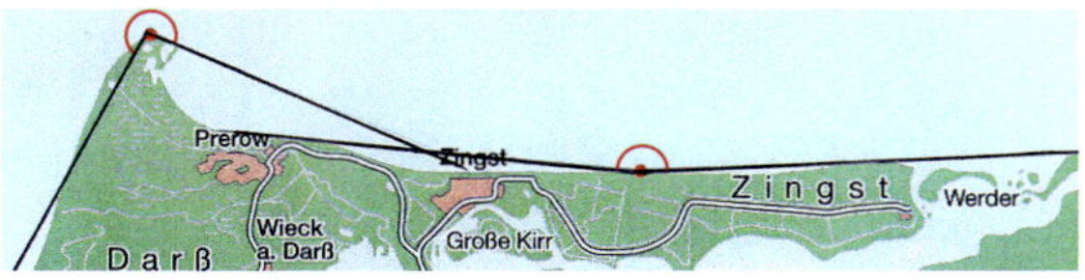


links 265°; rechts 172°

8 **Was Tier und Mensch sehen können**
*individuelle Lösungen sind in a) und b) möglich*
a) Gesichtsfeld des Menschen ca. 150°–180°
b) Gesichtsfeld eines Auges des Menschen ca. 150°.
c) Gesichtsfeld eines Auges des Hundes 150°. Das gesamte Gesichtsfeld des Hundes beträgt 240°.
d) *verschiedene Lösungen sind möglich;* z. B. Frosch ca. 330°; Turmfalke ca. 300°; Hasen ca. 360°

**Seite 94**

9 **Sich Winkel vorstellen**
a) ganze Drehung
Man schaut in die gleiche Richtung, wie vor den Drehungen.
b) *individuelle Lösungen sind möglich*

10 **Aufpassen beim Winkelmessen**
a) z. B. Pia hat an der falschen Winkelskala des Geodreiecks abgelesen.
Da der Winkel kleiner als 90° ist, muss Pia die Skala verwenden, bei der eine Winkelgröße von weniger als 90° abzulesen ist.
b) 54°

11 **Winkel in Vielecken**
a) Wenn du sauber gezeichnet und sorgsam gemessen hast, erhältst du als Summe der Winkel in einem Dreieck 180°.
b) Winkelsumme Viereck 360°; Fünfeck 540°, Sechseck 720°, …
z. B. Mit jeder weiteren Ecke ist die Winkelsumme 180° größer.

12 **Winkel erklären**
*individuelle Lösungen sind möglich*

**Seite 95**

**13 Winkel messen**

**a)** *individuell verschiedene Schätzwerte sind möglich*

**b)** (1) 56° (2) 90° (3) 232° (4) 168° (5) 101° (6) 360°

**c)** *individuell verschiedene Einschätzungen sind möglich;* z. B.
am schwersten bei (3), das konnte nicht direkt am Geodreieck abgelesen werden
am einfachsten bei (2), rechten Winkel mit 90° kenne ich schon

**d)** (1) spitzer Winkel (2) rechter Winkel (3) überstumpfer Winkel (4) stumpfer Winkel (5) stumpfer Winkel (6) Vollwinkel

**e)** *individuell verschiedene Beispiele sind möglich*

**14 Winkelfiguren**

**a)** Das Zeichenergebnis ist gleich der Darstellung im Buch.

**b)** für $\alpha = 30°$ und $\alpha = 72°$ entstehen Sterne, für $\alpha = 60°$ ein Dreieck und für $\alpha = 90°$ ein Quadrat

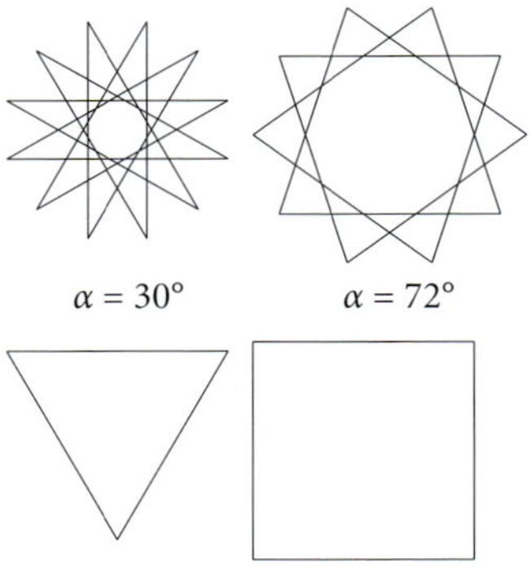

$\alpha = 30°$ $\alpha = 72°$

$\alpha = 60°$ $\alpha = 90°$

## Vertiefen 2 Orte mit Koordinaten beschreiben

**Seite 96**

**15 Orte angeben**

*individuelle Lösungen sind möglich*

**16 Verschieden dargestellt**

**a)** (1 | 3) beschreibt im linken Bild einen Bereich (Quadrat) und im rechten Bild einen einzelnen Punkt.

**b)** *verschiedene Möglichkeiten;* z. B.
*Quadratgitter: Preise im Theater, Straßenblocks, Bereiche in Landkarten*
*Punktgitter: GPS-Koordinaten, Kinoplätze*

**17 In Mannheim orientieren**

**a)** „C3" liegt rechts neben „C4" und „B4" liegt unterhalb von „C4".

**b)** *individuell unterschiedliche Lösungen sind möglich*

**c)** 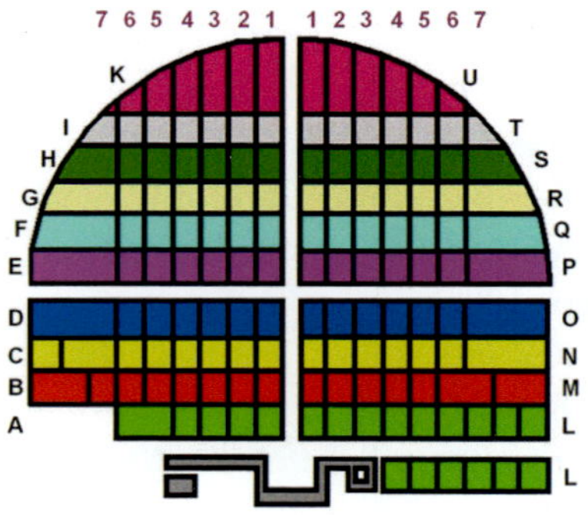


*unterschiedliche Erklärungen sind möglich*

**Seite 97**

**18 Geteilte Bilder**

**a)** 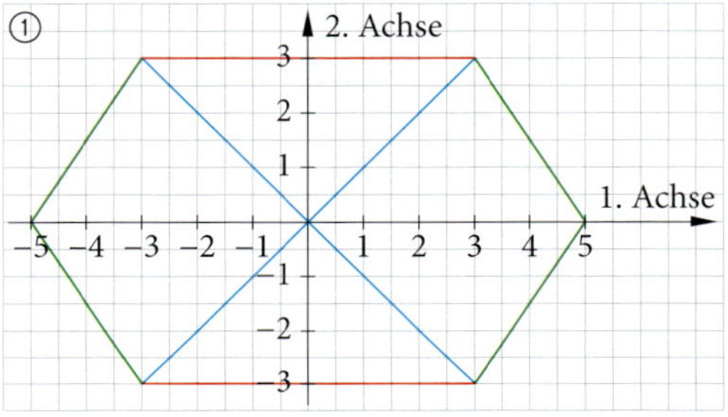


(im Uhrzeigersinn): (3 | 3), (5 | 0), (3 | −3), (−3 | −3), (−5 | 0) und (−3 | 3)

**b)** Blau: (0,5 | 1), (2 | 1), (2 | 2,5), (0,5 | 2,5)
Rot: (1,5 | 0), (3 | 0), (3 | 1,5) und (1,5 | 1,5)

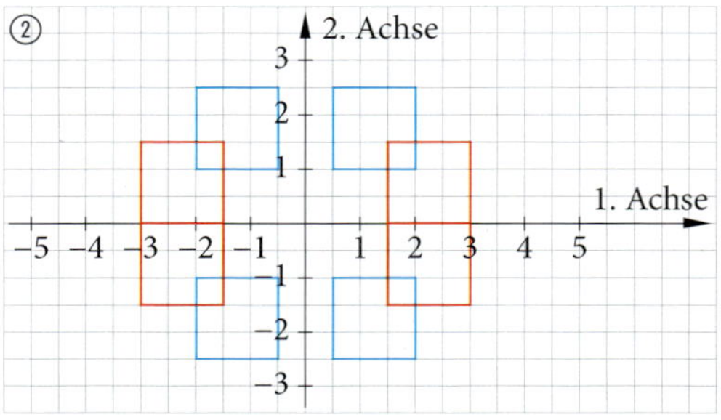


**c)** *individuell unterschiedliche Lösungen sind möglich*

**19 Figuren mit Koordinaten beschreiben**

*individuelle Lösungen sind möglich*

**Seite 98**

**20 Schiffe finden**

*individuelle Lösungen sind möglich*

**21 Weiter links und weiter unten**

a)

| | | |
|---|---|---|
| (1) | (1 \| 5) | (3 \| −8) |
| (2) | (−3 \| 5) | (−1 \| −7) |
| (3) | keiner; Beide liegen gleich hoch. | (−8 \| 3) |

b) z. B. Vergleiche die 1. Koordinaten der Punkte. Der Punkt mit der kleineren 1. Koordinate liegt weiter links.

c) z. B. Vergleiche die 2. Koordinaten der Punkte. Der Punkt mit der kleineren 2. Koordinate liegt weiter unten.

**Seite 99**

**22 Städtekarten**

a) Es kann nur die linke Karte sein, weil der Bahnhof links vom Münster und höher als dieses liegt. Bei der rechten Karte liegt vom Münster aus der Bahnhof rechts, also nicht mit negativer *1. Koordinate.*

b), c)

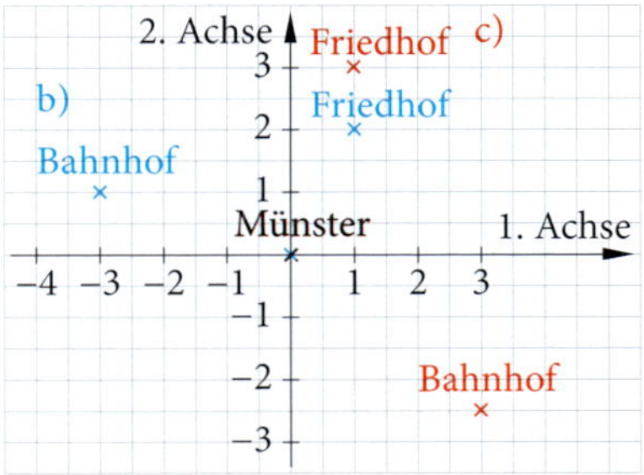


c) *individuelle Abweichungen sind möglich*
Friedhof (1 | 3); Bahnhof (3 | −2,5)

d) *individuelle Vergleiche sind möglich*

## Vertiefen 1 Terme für Situationen finden

**Seite 112**

**1 Jede Woche einkaufen und Kosten verteilen**

a) Pia: 60 : 4 + 72 : 4; Merve: (60 + 72) : 3

b) Pia: 60 : 4 + 54 : 4;Merve: (60 + 54) : 3

c) Pia: 48 : 4 + 60 : 4; Merve: (48 + 60) : 3

d) 1. Woche: 60 : 3 + 72 : 4; 2. Woche: 60 : 3 + 54 : 4

e) z. B. Weil Tobias kaum da ist, teilen wir die Getränke durch 3. Beim Essen bezahlen alle gleich viel.

**2 Andere Leute – andere Darstellungen**

a) *verschiedene Lösungen sind möglich, siehe* b)

b) *verschiedene Lösungen sind möglich,* z. B.

(1) Dinas Schwester zahlt ein Zehntel an Essen und Getränken, und ein Viertel der Flatrate.

(2) (210 + 140) : 10 + 32 : 4

(3)

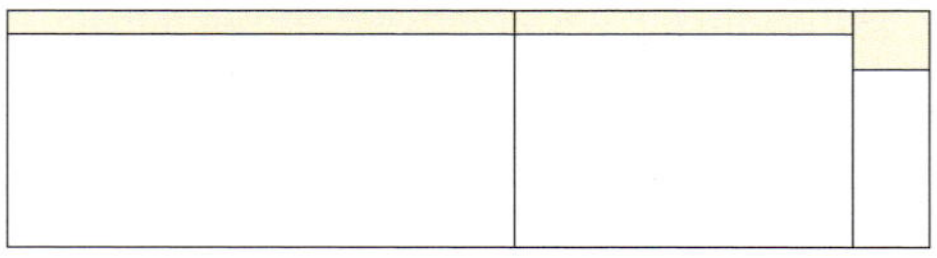

**Seite 113**

**3 Mit Taschengeld rechnen**

a) (15 + 5) · 12 oder 12 · (15 + 5) oder 12 · 15 + 12 · 5

b) Terme (2), (4), (6) passen zu Lenas Taschengeld.

c) *mehrere Situationen sind möglich,* z. B.
*zu* (1) und (3): Pia bekommt 22 € Taschengeld im Monat und 10 € Weihnachtsgeld. Wie viel bekommt sie in einem Jahr?
zu (5): Merve bekommt monatlich 10 € Taschengeld und an Weihnachten 22 € von der Oma. Wie viel bekommt sie in einem Jahr?

d) 4 · (8 + 4) + 8 · (10 + 4) oder 4 · 8 + 8 · 10 + 12 · 4

e) 12 · (15 + 22) + 4 · 8 + 8 · 10 = 556

f) *mehrere Lösungen sind möglich,* z. B.
Ole bekommt monatlich 16 € Taschengeld. Davon muss er 5 € pro Monat für den Fußballverein bezahlen. Wie viel Geld bleibt Ole im Jahr?

**4 Spieleabend der Familie Berger mit Jan, Dina, Tobias und Maja**

a) Dina: 18,90 : 3 = 6,30;
Frau Berger: 12,60 : 6 = 2,10

b) 18,90 : 3 + 4 · (12,60 : 6)

c) *mehrere Lösungen sind möglich,* z. B.
Bergers übernehmen alle Kosten: 18,90 + 12,60
oder
Jeder bezahlt denselben Anteil. Familie Bergers Kosten: 5 · (18,90 + 12,60) : 9

**Seite 114**

**5 Triathlon**

a) *individuelle Formulierungen sind möglich,* z. B.
1000 : 25 gibt an, wie viele Bahnen Tobias schwimmt. Mit mal 0,5 erhält man die Minuten, die er insgesamt für 1000 m braucht. 2000 : 400 gibt an, wie viele Runden Tobias läuft. Diesen Term mal 1,5 ergibt die Minuten, die er für 2000 m Laufen benötigt.

b) (1) 1200 : 25 · 0,5 + 2000 : 400 · 1,5
(2) 1000 : 25 · 0,5 + 3000 : 400 · 1,5
(3) Die Zeiten pro Runde ändern sich allgemein nicht zwingend, außer man berücksichtigt das schrittweise Ermüden des Körpers.

c) (1) Tobias braucht dann für eine Bahn von 50 m ca. doppelt so lange wie für eine Bahn von 25 m. Es muss also der Term bei der Länge der Bahnen und bei der benötigten Zeit geändert werden.
(2) 1000 : 50 · 1,2 + 2000 : 400 · 1,5

**6 Andere Lohnabrechnung – anderer Term**

a) Luigi arbeitet am Donnerstag 5 Stunden zu jeweils 7 €. Die drei Kellner bekommen zusammen 117 € Trinkgeld, also für jeden 117 € : 3. Luigi bekommt dazu noch 20 € Tagespauschale.

b) 4 · 7 + 300 : 8 + 20
Behält jeder sein eigenes Trinkgeld, muss anstelle von 300 : 8 der Betrag des eigenen Trinkgeldes stehen.

c) 8 · 7 + 2 · 11 + 420 : 4 + 20

d) 8 · 7 + 2 · 11 + 420 : 4 + 10 · 3
oder
8 · 10 + 2 · 14 + 420 : 4

**Seite 115**

**7 Eine Rechnung – zwei Geschichten**

a) *mehrere Lösungen sind möglich,* z. B.
(2) Außerdem stehen dort noch 25 Flaschen Limo.
(3) Lena und Ole tragen alle Flaschen nach oben. Damit beide gleich viel tragen, verteilen sie die Flaschen gerecht auf zwei Kisten.
(4) Da der Kasten zu schwer ist, stellt Lena 3 Flaschen auf die Treppe.

b) *mehrere Lösungen sind möglich,* z. B.
(1) (Ole) Ich habe auf meinem Sparkonto 40 €.
(2) 40 + 3 · 8
(Merve) In den folgenden drei Stationen steigen stets 8 Personen ein.
(3) 40 + 3 · 8 – 12

(Ole) Im nächsten Monat hebe ich 12 € ab.
(Merve) In der nächsten Station steigen 12 Personen aus.
(4) $(40 + 3 \cdot 8 - 12) : 2$
(Pia) Das Ergebnis teile ich durch 2.
(Ole) Mit der Hälfte des Betrags kaufe ich ein.

c) *individuelle Lösungen sind möglich*

## Vertiefen 2 Terme aufstellen und ausrechnen

**Seite 116**

**8 Wenn Taschenrechner verschieden rechnen …**

a) Lenas Taschenrechner hat richtig gerechnet und die „Punkt-vor-Strich"-Regel beachtet.
Bei Oles Taschenrechner wurde nacheinander erst subtrahiert und das Ergebnis dann multipliziert.
$(37 - 4) \cdot 5$

b) *individuelle „Taschenrechnertests"*

c) Die Ergebnisse unterscheiden sich dann (Fehler), wenn Strichrechnung vor Punktrechnung steht.

d) *individuelle Beispiele sind möglich*
*Erklärungen siehe* c)

e) Die Rechnungen, die zuerst ausgeführt werden sollen, werden mit Klammern eingegeben (wenn möglich). Oder man unterteilt den Term in Teilterme, welche einzeln keine Probleme bringen, notiert sich die Zwischenergebnisse und rechnet mit diesen weiter.

**9 „Übersetzungs"-Übungen**

1. Zeile: $(19 + 45) \cdot 3$
2. Zeile: $3 \cdot 45 + 19$
3. Zeile: $45 \cdot 3 + 19$
4. Zeile: z. B. Ich addiere 3 und 19 und multipliziere das Ergebnis mit 45.
5. Zeile: $(5 \cdot 7 + 3) \cdot 4$
6. Zeile: z. B. Ich addiere zu 7 das Dreifache von 4 und multipliziere das Ergebnis mit 5.
7. Zeile: z. B. Ich multipliziere 5 und 7 und addiere das Ergebnis aus 3 mal 4.

**Seite 117**

**10 Klammerolympiade**

a) links:
größter Wert: $3 \cdot (4 + 5) \cdot 6 = 162$

rechts:
größter Wert: $(25 - (10 - 8) + 3) \cdot 12 - 7 = 305$
und $48 : (3 + 5 - (2 + 4)) = 24$
kleinster Wert: $(25 - 10 - (8 + 3)) \cdot (12 - 7) = 20$
und $(48 : (3 + 5)) - (2 + 4) = 0$

b) *individuelle Lösungen sind möglich*

**11 Werte-Bau-Spiel**

*individuelle Lösungen sind möglich*

**12 Terme bauen nur aus Einsen**

*mehrere Lösungen sind möglich,* z. B.
$((2 \cdot 2 \cdot 2) + 2) \cdot 2 = 20$
$3 \cdot 3 + 3 \cdot 3 + 3 : 3 + 3 : 3 = 20$
$4 \cdot 4 + 4 = 20$; $5 + 5 + 5 + 5 = 20$
$6 + 6 + 6 + 6 : 6 + 6 : 6 = 20$
$7 + 7 + 7 - 7 : 7 = 20$
$8 + 8 + (8 : 8 + 8 : 8) + (8 : 8 + 8 : 8) = 20$
$99 : 9 + 9 = 20$; $10 + 10 = 20$
Mit sechs Einsen kann man auch andere Zahlen finden z. B. $111 - (11 - 1) = 101$ und viele andere.
Jede Zahl ist als Summe von Einsen darstellbar.

**13 Klammern streichen**

a)
(1) $17 + 4 + 21$; $21 + 17 + 4$
(2) $17 + 4 - 21$; $21 - 17 + 4$
(3) $(17 + 4) \cdot 12 \cdot 5$; $17 + 4 \cdot 12 \cdot 5$; $(17 + 4 \cdot 12) \cdot 5$ (keine Änderung möglich);
(4) $64 : 8 \cdot 4$; $64 : (8 \cdot 4)$ (keine Änderung möglich)

b)
(1) Beide Terme haben denselben Wert, weil das Vertauschungsgesetz gilt: $17 + 4 + 21 = 21 + 17 + 4$
(2) Beide Terme haben verschiedene Werte, da Minuend und Subtrahend vertauscht wurden.
(3) Alle Terme haben verschiedene Werte, weil durch die Klammern verschiedene Rechnungen durchgeführt werden.
(4) Beide Terme haben verschiedene Werte, weil durch die Klammern verschiedene Rechnungen durchgeführt werden.

## Vertiefen 3 Mit vielen Termen das Gleiche beschreiben

**Seite 118**

**14 Verschieden zählen – beschreibungsgleiche Terme**

a) Maja: $3 \cdot 20 + 3 \cdot 4$; Dina: $6 \cdot 12$; Lena: $3 \cdot (6 \cdot 4)$; Ole: $3 \cdot (20 + 4)$; Jan: $(6 \cdot 4) \cdot 3$
Bei Lena und Jan sind die Klammern nicht notwendig, sie verdeutlichen aber ihre Denkweisen.

b) Maja: $3 \cdot 25 + 3 \cdot 5$; Dina: $6 \cdot 15$; Lena: $3 \cdot (6 \cdot 5)$; Ole: $3 \cdot (25 + 5)$; Jan: $(6 \cdot 5) \cdot 3$

c) *mehrere Lösungen sind möglich,* z. B.
48 Häuser kann man folgendermaßen anordnen:
$6 \cdot 8$, d. h. 6 Reihen mit jeweils 8 Häusern.
$3 \cdot (12 + 4)$, d. h. wir haben 3 Häusergruppen mit jeweils 12 plus 4 Häusern.
49 Häuser kann man folgendermaßen anordnen:
$7 \cdot 7$, d. h. 7 Reihen mit jeweils 7 Häusern.
$7 \cdot 3 + 7 \cdot 4$, d. h. 7 Gruppen mit 3 Häusern und 7 Gruppen mit 4 Häusern.

**15 Gartenplanung**

a) $6 \cdot 8 \cdot 7$

b) z. B. Maja fasst je zwei Gartenteilflächen zusammen.

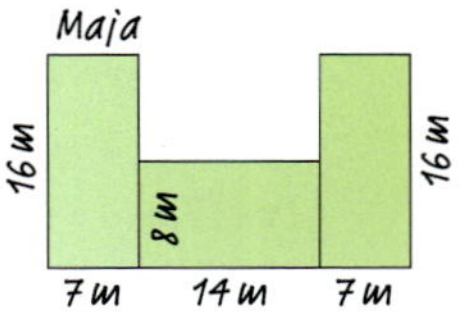


z. B. Jan nimmt die Teilflächen links und rechts vom Haus und fasst die restlichen Gartenteilflächen zusammen.

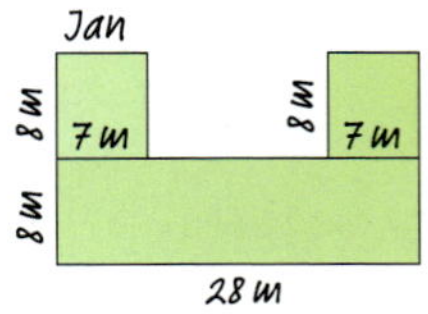


z. B. Dina nimmt die 6 gleichen Teilflächen.

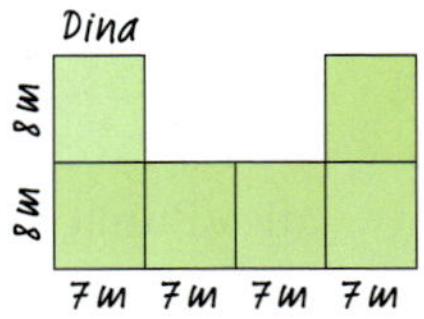


z. B. Herr Borkenfeld zieht von der gesamten Grundstücksfläche die Hausfläche ab.

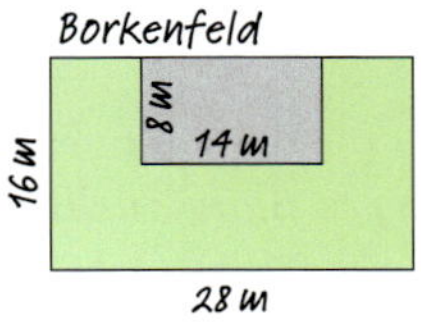


z. B. Ole legt die Teilflächen in ein Rechteck um mit $16 \cdot 21$.

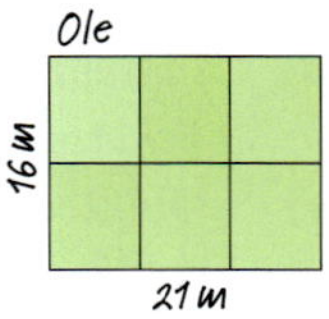


c) Man kann alle Terme in einander überführen.
z. B. Majas Term in den von Dina
$7 \cdot 16 + 8 \cdot 14 + 7 \cdot 16 =$
$2 \cdot 7 \cdot 8 + 2 \cdot 7 \cdot 8 + 2 \cdot 7 \cdot 8 =$
$(2 + 2 + 2) \cdot 7 \cdot 8 = 6 \cdot 7 \cdot 8$

## Vertiefen 4 Rechnungen zerlegen – beschreibungsgleiche Terme finden

**Seite 119**

**16 Beim geschickten Rechnen nutzt man Rechengesetze**

a) (1) $83 + 27 = 80 + 3 + 20 + 7 = 80 + 20 + 3 + 7 = 100 + 10 = 110$
(2) $45 + 75 = 40 + 5 + 70 + 5 = 40 + 70 + 5 + 5 = 110 + 10 = 120$
Pia nutzt das Vertauschungsgesetz.

b) (1) $4 \cdot 83 = 4 \cdot (80 + 3) = 4 \cdot 80 + 4 \cdot 3 = 320 + 12 = 332$
(2) $6 \cdot 75 = 6 \cdot (70 + 5) = 6 \cdot 70 + 6 \cdot 5 = 420 + 30 = 450$
Till nutzt das Zerlegungsgesetz.

c) Ole hat die Aufgabe $7 \cdot 13 = 7 \cdot 10 + 7 \cdot 3$ skizziert. Das große Rechteck gehört zur linken Seite der Gleichung. Die beiden Teilrechtecke gehören zu den beiden Summanden auf der rechten Seite der Gleichung. Die Flächen der beiden Teilrechtecke ergeben zusammen die Fläche des großen Rechtecks.

d) Merve rechnet ebenfalls die Aufgabe $7 \cdot 13$. Sie zerlegt die 13 in 10 und 3 und rechnet nun wie Till erst $7 \cdot 10$ und dann $7 \cdot 3$ (Teilergebnis fehlt im Malkreuz) und addiert diese Zahlen dann zu 91. Dies ist das Ergebnis von $7 \cdot 13$.
$7 \cdot 13 = 7 \cdot (10 + 3) = 7 \cdot 10 + 7 \cdot 3 = 70 + 21 = 91$

e) z. B. Jede Zerlegung von 13 in zwei Zahlen führt stets im Malkreuz zum gleichen Ergebnis, weil schließlich mit 13 multipliziert wird.

**17 Malkreuze und die Zerlegung von Termen**

a) (1) $20 \cdot 13 = 20 \cdot (10 + 3)$
(2) $24 \cdot 13 = (20 + 4) \cdot (10 + 3)$
(3) $7 \cdot 16 = 7 \cdot (10 + 6)$
(4) $15 \cdot 16 = (7 + 8) \cdot (10 + 6)$

b) (1)

| · | 10 | 3 | |
|---|---|---|---|
| 8 | 80 | 24 | 104 |

(2)

| · | 5 | 8 | |
|---|---|---|---|
| 8 | 40 | 64 | 104 |

(3)

| · | 5 | 8 | |
|---|---|---|---|
| 5 | 25 | 40 | 65 |
| 8 | 40 | 64 | 104 |
| | | | 169 |

(1) $8 \cdot 10 + 8 \cdot 3$; (2) $8 \cdot 5 + 8 \cdot 8$;
(3) $5 \cdot 5 + 5 \cdot 8 + 5 \cdot 8 + 8 \cdot 8$

c) (1)

| · | 10 | 5 | |
|---|---|---|---|
| 9 | 90 | 45 | 135 |

(2)

| · | 15 | 4 | |
|---|---|---|---|
| 9 | 135 | 36 | 171 |

(3)

| · | 15 | 4 | |
|---|---|---|---|
| 9 | 135 | 36 | 171 |
| 5 | 75 | 20 | 95 |
| | | | 266 |

(1) $9 \cdot (10 + 5)$ (2) $9 \cdot (15 + 4)$
(3) $(9 + 5) \cdot (15 + 4)$

**Seite 120**

**18 Terme unterschiedlich zusammenfassen**

a) Pia hat alle Punktrechnungen mit gleichen Faktoren zusammengefasst.
$3 \cdot 99 + 7 \cdot 99 + 4 \cdot 50 + 7 \cdot 50 + 9 \cdot 50 = (3 + 7) \cdot 99 + (4 + 7 + 9) \cdot 50$
Till hat alle Punktrechnungen berechnet und dann addiert.

b) Pia hat zuerst mehrfach das Vertauschungsgesetz, anschließend das Zerlegungsgesetz angewendet.

c) Pia fasst alle Punktrechnungen mit gleichen Faktoren zusammen.
$22 \cdot 7 + 48 \cdot 7 + 19 \cdot 11 - 3 \cdot 11 + 24 \cdot 11 =$
$(22 + 48) \cdot 7 + (19 - 3 + 24) \cdot 11 =$
$70 \cdot 7 + 40 \cdot 11 = 490 + 440 = 930$
Till berechnet alle Punktrechnungen und addiert bzw. subtrahiert dann.
$154 + 209 - 33 + 336 + 264 = 930$

d) $17 \cdot 8 + 53 \cdot 8 + 22 \cdot 9 + 28 \cdot 9 =$
$(17 + 53) \cdot 8 + (22 + 28) \cdot 9 = 70 \cdot 8 + 50 \cdot 9$

e) Till rechnet richtig nach Punkt-vor-Strich-Regel. Pia fasst falsch zusammen und rechnet somit falsch.
(Mach dir an Pias Rechnung klar, dass beide Seiten ihrer Gleichung nicht übereinstimmen, indem du beide getrennt ausrechnest und die Werte vergleichst.)

**19 Beschreibungsgleiche Terme suchen**

a) (1), (2) und (6) sowie (3), (4) und (5) sind beschreibungsgleich.
Um dies zu überprüfen, kannst du das Vertauschungsgesetz und das Zerlegungsgesetz benutzen.

b) links:
(1) z. B. $(4444 + 7777) \cdot 3333$
(2) z. B. $37 \cdot 49 + 37 \cdot 25 + 37 \cdot 19$
(3) z. B. $18 \cdot 25$; (4) z. B. $918 + 12$

rechts:
z. B. ♥ · ♠ + ♥ · ♦
z. B. (⊠ + ⊠ + ⊠) · ▲
z. B. ☼ · ⅄ – ★ · ⅄
z. B. $a \cdot b + c$

c) (1) $23 \cdot (49 + 51) = 23 \cdot 100 = 2300$
(2) z. B. $50 \cdot 4 + 8 \cdot 50 = 12 \cdot 50 = 600$
(3) $100 \cdot 27 = 2700$

d) *verschiedene Lösungen sind möglich;* z. B.
(1) $(11 + 89) \cdot 17 = 100 \cdot 17 = 1700$
(2) $8 \cdot 125 + 8 \cdot 500 = 1000 + 4000 = 5000$
(3) $(2 + 98) \cdot 34 = 100 \cdot 34 = 3400$

**Seite 121**

**20 Terme umformen**

*verschiedene Lösungen sind möglich;* z. B.

links:
(1) 12 Möglichkeiten, z. B.
$(19 + 28) \cdot 17$; $28 \cdot 17 + 19 \cdot 17$
(2) 6 Möglichkeiten, z. B.
$325 \cdot (57\,231 - 4256)$; $57\,231 \cdot 325 - 4256 \cdot 325$
(3 $(26 \cdot 78) - 156$; $26 \cdot 78 - 156$
(4) 12 Möglichkeiten, z. B.
$89 + 117 + 5 \cdot 456 - 236 \cdot 5$
(5) 12 Möglichkeiten, z. B. ▲ · ■ + ▲ · ●

rechts:
(1) keine weitere Möglichkeit als die im Buch
(2) 6 Möglichkeiten, z. B.
$123 \cdot 98\,765 - 4321 \cdot 123$
(3) $3 + (147 : 49)$; $3 + 147 : 49$; $147 : 49 + 3$
(4) $117 - 89 - 55 : (150 - 39)$
(5) 6 Möglichkeiten, z. B. ■ · ▲ – ● · ▲

**21 Knapp daneben ist auch vorbei**

a) (1), (5) und (7) sowie (2) und (3) sind beschreibungsgleich.
(1) = (5) 2-mal Vertauschen;(1) = (7) Zerlegen;
(5) = (7) Zerlegen / Vertauschen;
(2) = (3) Punkt-vor-Strich

b) (1) und (3) sowie (2), (4) und (7) sind beschreibungsgleich.
(1) = (3)Punkt-vor-Strich
(2) = (4) 2-mal Vertauschen;(2) = (7) Zerlegen;
(4) = (7) Zerlegen / Vertauschen

**22 Beschreibungsgleich trotz gleicher Werte?**

a) $4 \cdot 7 + 4 \cdot 8 = 8 \cdot 4 + 4 \cdot 7 = 4 \cdot (8 + 7)$
Diese Terme haben zwar dieselben Zahlen 4, 7, 8, passen aber nicht: $(8 + 7) \cdot (4 + 4)$ und $4 \cdot 7 + 8 \cdot 7$.
$21 \cdot 2 + 2 \cdot 9 = 2 \cdot (9 + 21) = (21 + 9) \cdot 2$
Dieser Term hat zwar dieselben Zahlen 2, 21, 9, gehört aber nicht dazu: $21 \cdot 2 + 21 \cdot 9$.

b) $4 \cdot (8 + 7) = 4 \cdot 8 + 4 \cdot 7$ Zerlegen
$4 \cdot 8 + 4 \cdot 7 = 8 \cdot 4 + 4 \cdot 7$ Vertauschen
$4 \cdot (8 + 7) = 8 \cdot 4 + 4 \cdot 7$ Zerlegen und Vertauschen

$2 \cdot (9 + 21) = (21 + 9) \cdot 2$ zweimal Vertauschen
$2 \cdot (9 + 21) = 21 \cdot 2 + 2 \cdot 9$ Zerlegen und zweimal Vertauschen

**23 Mensch ärgere dich nicht – jeder zählt anders**

a) *mehrere Lösungen sind möglich,* z. B.
$4 \cdot 4 + (3 \cdot 4) \cdot 4 + 8$ oder $4 \cdot 9 + 4 \cdot 9$ oder $36 + 18 \cdot 2$

b) *mehrere Lösungen sind möglich,* z. B.
Sind $18 \cdot 4$ und $4 \cdot 4 + (3 \cdot 4) \cdot 4 + 8$ beschreibungsgleich?
Das kann man durch Umformen prüfen:
$4 \cdot 4 + (3 \cdot 4) \cdot 4 + 8 = 4 \cdot (4 + 3 \cdot 4 + 2) = 4 \cdot 18 = 18 \cdot 4$

## Vertiefen 1 Mit Dezimalzahlen multiplizieren

Seite 134

**1 Multiplizieren im Bild darstellen**

a) Tipp: Wenn man Millimeterpapier verwendet, lässt sich das Rechteck leichter darstellen. Bei den Seitenlängen stehen 10 cm für ein Ganzes, 1 cm für ein Zehntel, 1 mm für ein Hundertstel.
Das Rechteck könnte so aussehen:

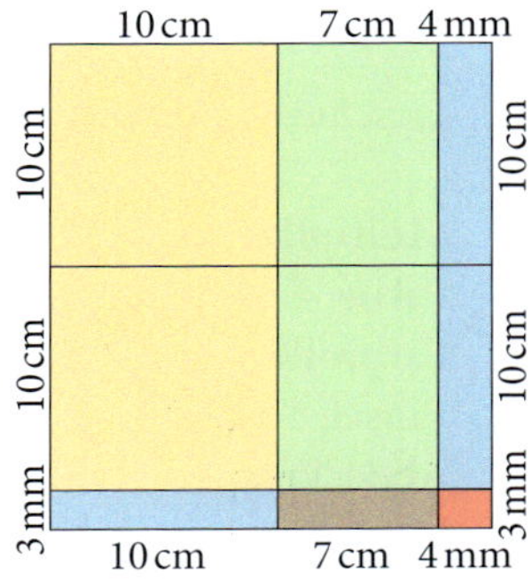


Mit Hilfe der Farben kann man ablesen, wie viel Einer, Zehntel usw. zum Ergebnis gehören:

- Gelb: 2 Einer
- Grün: 14 Zehntel (7 + 7)
- Blau: 11 Hundertstel (3 + 4 + 4)
- Braun: 21 Tausendstel (7 · 3)
- Rot: 12 Zehntausendstel: (4 · 3)

In der Stellentafel können die Teilergebnisse dann übersichtlich zusammengefasst werden:

| | E | z | h | t | zt |
|---|---|---|---|---|---|
| | 2 | | | | |
| | 1 | 4 | | | |
| | | 1 | 1 | | |
| | | | 2 | 1 | |
| | | | | 1 | 2 |
| gesamt: | 3 | 5 | 3 | 2 | 2 |

Ergebnis: 1,74 · 2,03 = 3,5322

b)

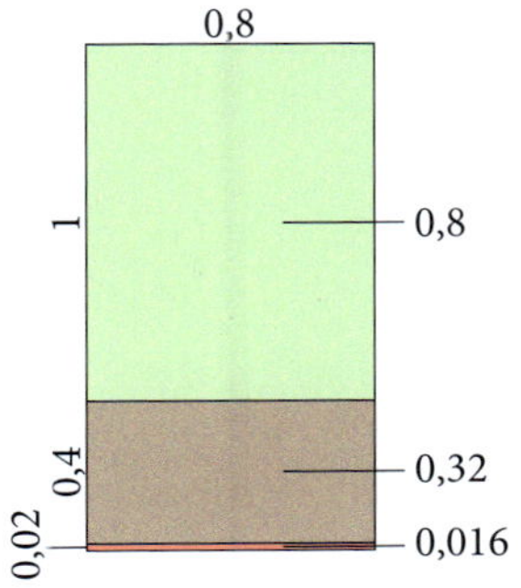


8 Zehntel, 32 Hundertstel (8 · 4), 16 Tausendstel (8 · 2)

| | E | z | h | t |
|---|---|---|---|---|
| | | 8 | | |
| | | 3 | 2 | |
| | | | 1 | 6 |
| gesamt: | 1 | 1 | 3 | 6 |

Ergebnis: 1,42 · 0,8 = 1,136

**2 Multiplizieren mit System**

a) (1) 0,23 · 10 = 2,3
0,23 · 100 = 23
0,23 · 1000 = 230
0,23 · 10 000 = 2300
Regel: erster Faktor bleibt, zweiter Faktor verzehnfacht sich, Ergebnis verzehnfacht sich

(2) 0,23 · 10 = 2,3
0,023 · 10 = 0,23
0,0023 · 10 = 0,023
0,000 23 · 10 = 0,0023
Regel: erster Faktor wird durch 10 geteilt, zweiter Faktor bleibt gleich, Ergebnis wird auch durch 10 geteilt. (Komma rückt um eins nach links.)

(3) 1,56 · 2 = 3,12
15,6 · 0,2 = 3,12
156 · 0,02 = 3,12
1560 · 0,002 = 3,12
Regel: erster Faktor verzehnfacht sich, zweiter Faktor verringert sich auf ein Zehntel, Ergebnis bleibt gleich

b) *verschiedene Lösungen sind möglich*

**3 Päckchen mit System**

a) (1) 1,5 · 5 = 7,5
1,5 · 0,5 = 0,75
1,5 · 0,05 = 0,075
1,5 · 0,005 = 0,0075
1,5 · 0,0005 = 0,000 75
Tipp: Beim zweiten Faktor rückt das Komma immer eine Stelle nach links. Dadurch wird das Komma beim Ergebnis ebenfalls um eine Stelle nach links verschoben.

(2) 0,6 · 1,2 = 0,72
0,6 · 1,0 = 0,6
0,6 · 0,8 = 0,48
0,6 · 0,6 = 0,36
0,6 · 0,4 = 0,24
Tipp: Der zweite Faktor verringert sich immer um 0,2. Das Ergebnis verringert sich um 0,12.

(3) 0,2 · 0,01 = 0,002
0,2 · 0,1 = 0,02
0,2 · 1 = 0,2
0,2 · 10 = 2
0,2 · 100 = 20
Tipp: Beim zweiten Faktor rückt das Komma immer eine Stelle nach rechts. Dadurch rückt das Komma im Ergebnis auch eine Stelle nach rechts.

b) *verschiedene Lösungen sind möglich*
Tipp: Beim Erfinden weiterer Päckchen sollte ein Faktor immer gleich bleiben.

c) Verringert sich ein Faktor, so verringert sich auch das Produkt (Ergebnis). Vergrößert sich hingegen ein Faktor, so vergrößert sich auch das Produkt.

**4 Mal-Mauern mit Dezimalzahlen**

(1)

| | | | |
|---|---|---|---|
| | **0,489888** | | |
| | **0,216** | **0,2268** | |
| **0,6** | **0,36** | **0,63** | |
| 0,5 | 1,2 | 0,3 | 2,1 |

(2) *verschiedene Lösungen sind möglich, z. B.*

| | | |
|---|---|---|
| | 1 | |
| **0,5** | **2** | |
| 0,25 | **2** | **1** |

Seite 135

**5 Fehlerteufel beim Multiplizieren**

a)
(1) 0,3 · 0,2 = 0,06
(2) 7 · 1,5 = 10,5
(3) 3,4 · 3,2 = 10,88
(4) 20 · 0,4 = 8

b)
(1) Null vergessen oder Kommafehler
(2) Zahlen vor und hinter dem Komma getrennt gerechnet
(3) Rechenfehler
(4) Kommafehler

**6 Rechnungen zu Bildern finden**

a) (1) – (C); (2) – (A); (3) – (B)
Das Bild (1) ist das unvollständige Rechteckbild zur Aufgabe (C). Es muss noch zu Ende gezeichnet und farbig ausgemalt werden, etwa so:

Das Bild (2) ist das fertige Bild zu Aufgabe (A). Jede Kästchenbreite bzw. Kästchenlänge entspricht einem Zehntel. Ein Kästchen entspricht einem Hundertstel. Das Bild (3) ist das fertige Bild zu Aufgabe (B).

b) Im Bild (1) ist zu erkennen, dass es 2 Einer (gelb), 8 Zehner (grün) und 6 Hunderter (blau) gibt, insgesamt also 2,86 und damit: 2,2 · 1,3 = 2,86. Im Bild (2) sind Hunderter zu sehen, insgesamt 12 Hunderter, also 0,12 und damit: 0,2 · 0,6 = 0,12.
Im Bild (3) sind 8 Zehner und 40 Hunderter zu sehen, insgesamt also 120 Hunderter oder 12 Zehner, also: 0,8 · 1,5 = 1,2.

(A)

| · | 0 | 0,6 | |
|---|---|---|---|
| 0 | 0 | 0 | 0 |
| 0,2 | 0 | 0,12 | 0,12 |
| | | | 0,12 |

(B)

| · | 1 | 0,5 | |
|---|---|---|---|
| 0 | 0 | 0 | 0 |
| 0,8 | 0,8 | 0,4 | 1,2 |
| | | | 1,2 |

(C)

| · | 1 | 0,3 | |
|---|---|---|---|
| 2 | 2 | 0,6 | 2,6 |
| 0,2 | 0,2 | 0,06 | 0,26 |
| | | | 2,86 |

c) *verschiedene Lösungen sind möglich*

**7 Multiplizieren im Baumarkt**

a) Farbe: 4 · 21,90 € = 87,60 €
Farbroller: 2 · 1,90 € = 3,80 €
Pinsel: 1 · 2,79 € = 2,79 €
Abdeckplanen: 2 · 1,40 € = 2,80 €
Insgesamt kostet alles 96,99 €.

b) 100 g Kleinteile kosten 0,56 €.
250 g Kleinteile kosten 2,5-mal so viel.
2,5 · 0,56 = 1,4
Für 250 g Kleinteile muss man 1,40 € bezahlen.

**8 Multiplizieren auf verschiedenen Wegen**

**links:**

(1)

| · | 7 | |
|---|---|---|
| 1 | 7 | 7 |
| 0,4 | 2,8 | 2,8 |
| | | 9,8 |

7 Einer + 28 Zehntel = 9 Einer, 8 Zehntel

(2)

| · | 0 | 0,8 | |
|---|---|---|---|
| 5 | 0 | 4 | 4 |
| | | | 4 |

40 Zehntel = 4 Einer

(3)

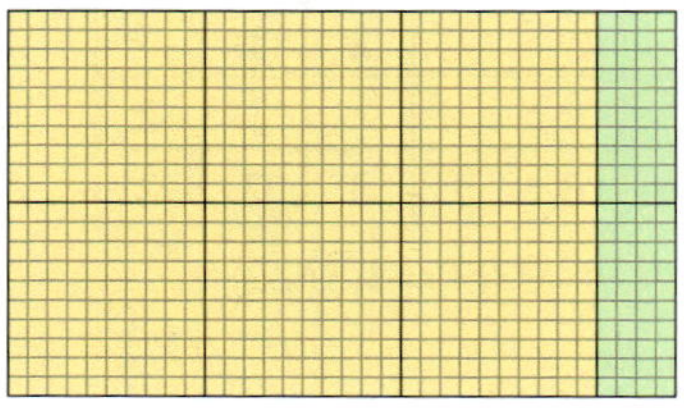

| · | 2 | |
|---|---|---|
| 3 | 6 | 6 |
| 0,4 | 0,8 | 0,8 |
| | | 6,8 |

6 Einer, 8 Zehntel

(4)

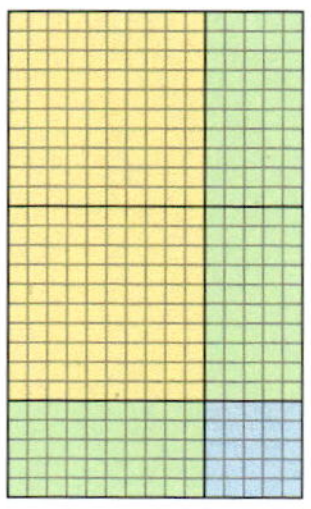

| · | 2 | 0,5 | |
|---|---|---|---|
| 1 | 2 | 0,5 | 2,5 |
| 0,5 | 1 | 0,25 | 1,25 |
| | | | 3,75 |

2 Einer + 15 Zehntel +25 Hundertstel =
3 Einer, 7 Zehntel, 5 Hundertstel

**rechts:**

(1)

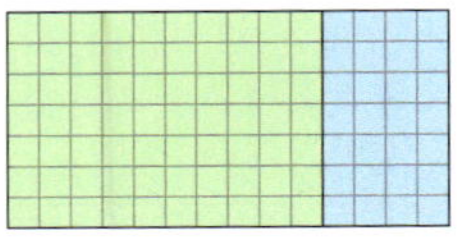

| · | 0 | 0,7 | |
|---|---|---|---|
| 1 | 0 | 0,7 | 0,7 |
| 0,4 | 0 | 0,28 | 0,28 |
| | | | 0,98 |

7 Zehntel + 28 Hundertstel =
9 Zehntel, 8 Hundertstel

(2)

8 Hundertstel

| · | 0 | 0,8 | |
|---|---|---|---|
| 0 | 0 | 0 | 0 |
| 0,1 | 0 | 0,08 | 0,08 |
| | | | 0,08 |

(3)

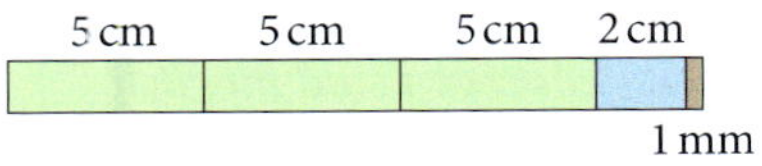


6 Zehntel, 8 Hundertstel, 4 Tausendstel

| · | 3 | 0,4 | 0,02 | |
|---|---|---|---|---|
| 0 | 0 | 0 | 0 | 0 |
| 0,2 | 0,6 | 0,08 | 0,004 | 0,684 |
| | | | | 0,684 |

(4)

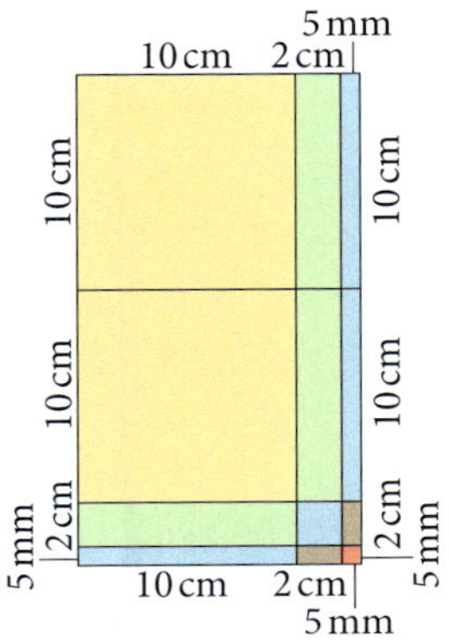


| · | 1 | 0,2 | 0,05 | |
|---|---|---|---|---|
| 2 | 2 | 0,4 | 0,1 | 2,5 |
| 0,2 | 0,2 | 0,04 | 0,01 | 0,25 |
| 0,05 | 0,05 | 0,01 | 0,0025 | 0,0684 |
| | | | | 2,8125 |

Ergebnis: 2,8125
Gelb: 2 Einer
Grün: 6 Zehntel (2 + 2 + 2)
Blau: 19 Hundertstel (5 + 5 + 5 + 2 · 2)
Braun: 10 Tausendstel (2 · 5 +5 · 2)
Rot: 25 Zehntausendstel (5 · 5)

**Seite 136**

**9 DIN-Flächeninhalte bestimmen**

a) Seitenlängen
(1) eines DIN-A3-Blattes: 29,7 cm · 42 cm
(2) eines DIN-A4-Blattes: 21 cm · 29,7 cm
(3) eines DIN-A5-Blattes: 14,8 cm · 21 cm
(4) eines DIN-A6-Blattes: 10,5 cm · 14,8 cm
Flächeninhalt
(1) eines DIN-A3-Blattes: 1247,4 $cm^2$
(2) eines DIN-A4-Blattes: 623,7 $cm^2$
(3) eines DIN-A5-Blattes: 310,8 $cm^2$
(4) eines DIN-A6-Blattes: 155,4 $cm^2$

b)
- Der Flächeninhalt eines DIN-A4-Blattes ist doppelt so groß wie der Flächeninhalt eines DIN-A5-Blattes.
- Der Flächeninhalt eines Blattes ist immer doppelt so groß wie der Flächeninhalt im nächsten Schritt.
- In jedem Format stimmt die Länge der kleinen Seite mit der Länge der großen Seite im nächstkleineren Format überein.

c) Seitenlänge eines DIN-A0-Blattes: 84 cm · 118,6 cm
Flächeninhalt: 9962,4 $cm^2 \approx 1\ m^2$
*Hinweis:*
Seitenlänge eines DIN-A2-Blattes: 42 cm · 59,4 cm
Seitenlänge eines DIN-A1-Blattes: 59,4 cm · 84 cm

**10 Fehlende Kommas beim Multiplizieren**

a)
(1) 4,1 · 6 = 24,6
(2) 6,12 · 3 = 18,36
(3) 0,3 · 0,8 = 0,240
(4) 4,1 · 0,03 = 0,123
(5) 2,85 · 0,26 = 0,7410

4,15 · 0,66 = 2,7390
6,12 · 3,4 = 20,808
0,35 · 0,82 = 0,2870
54,1 · 0,03 = 1,623
1,04 · 0,41 = 0,4264

b) *Trick:* Anzahl der Kommastellen beider Zahlen addiert ergibt die Anzahl der Kommastellen des Ergebnisses

c) **links:** (Wenn man keine weitere 0 dazu schreibt, gibt es folgende Lösungen:)
(1) 05,0 · 0,40 = 2,0 oder 0,50 · 0,40 = 2,0
(2) *keine Lösung möglich*;
ab 2. Druck: 0,60 · 0,50 = 0,3
(3) 0,70 · 06,0 = 4,2 oder 07,0 · 0,60 = 4,2
(4) 02,5 · 0,50 = 1,25 oder 0,25 · 050 = 1,25

**rechts:** (Wenn man keine weitere 0 dazu schreibt, gibt es folgende Lösungen:)
(1) 0050,0 · 0,0400 = 2,0 / 005,00 · 00,400 = 2,0 / 00,500 · 004,00 = 2,0 / 0,0500 · 0040,0 = 2,0
(2) 0,0600 · 00,500 = 0,03 / 00,600 · 0,0500 = 0,03
(3) 0,0700 · 0060,0 = 4,2 / 00,700 · 006,00 = 4,2 / 007,00 · 00,600 = 4,2 / 0070,0 · 0,0600 = 4,2
(4) 0,0250 · 0050,0 = 1,25 / 00,250 · 005,00 = 1,25 / 002,50 · 00,500 = 1,25 / 0025,0 · 0,0500 = 1,25

**11 Multiplizieren mit Ziel**

(1) 4,3 · 7,1 = 30,53
Die beiden größten Ziffern 4 und 7 nimmt man für die Einer. Die beiden kleinsten Ziffern 1 und 3 nimmt man für die Zehntel. Bei 4,3 · 7,1 erhält man ein größeres Ergebnis als bei 4,1 · 7,3.
(2) 1,4 · 3,7 = 5,18
Die beiden kleinsten Ziffern 1 und 3 nimmt man für die Einer. Die beiden größten Ziffern 4 und 7 nimmt man für die Zehntel. Bei 1,4 · 3,7 erhält man ein kleineres Ergebnis als bei 1,7 · 3,4.
(3) 1,4 · 3,7 = 5,18 (siehe (2))

## Vertiefen 2 Dezimalzahlen dividieren

**Seite 137**

**12 Dividieren mit System**

a) (1) 460,28 : 10 = 46,028
460,28 : 100 = 4,6028
460,28 : 1000 = 0,46028
Teilt man eine Zahl durch 10, rückt das Komma um eine Stelle nach links.
Teilt man eine Zahl durch 100, so rückt das Komma um 2 Stellen nach links.

(2) 460,28 : 10 = 46,028
4602,8 : 10 = 460,28
46028 : 10 = 4602,8
Wird das Komma bei der ersten Zahl um eine Stelle nach rechts gerückt und bleibt die zweite Zahl gleich, so rückt das Komma beim Ergebnis auch um eine Stelle nach rechts.

(3) 460,28 : 1 = 460,28
46,028 : 0,1 = 460,28
4,6028 : 0,01 = 460,28

b) Bei Päckchen (3) bleibt das Ergebnis gleich, da bei der ersten und zweiten Zahl das Komma jeweils um eine Stelle nach links gerückt wird. Dabei werden beide Zahlen durch 10 dividiert. Wie beim Kürzen durch 10 bleibt dabei das Ergebnis gleich.

c) *verschiedene Lösungen sind möglich*

**13 Rechnungen zu Bildern finden**

a) (1) 4 : 0,8 = 5
(2) 0,27 : 0,03 = 9
(3) 0,32 : 0,8 = 0,4 oder 0,8 · 0,4 = 0,32

b) Bei Rechtecken ist die Größe der Fläche das Produkt der Seitenlängen. Fehlt eine Seitenlänge, so kehrt man die Rechnung um. Man dividiert den Flächeninhalt durch die andere Seitenlänge. Bei den Streifen will man wissen, wie oft die Abschnitte in den Streifen passen. Man dividiert die Gesamtlänge des Streifens durch die Länge des Abschnitts.

**14 Dividieren auf verschiedenen Wegen**

(1) 1,2 : 0,6 = 12 : 6 = 2

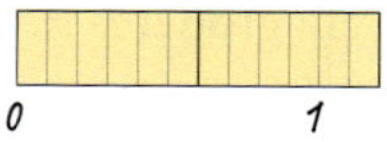


(2) 2,8 : 0,4 = 28 : 4 = 7

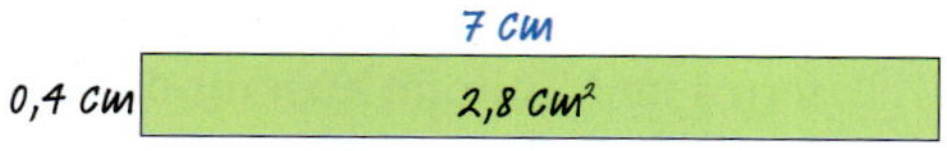


(3) 4,84 : 0,04 = 484 : 4 = 121

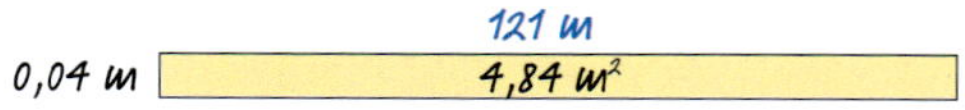


**15 Fehlende Kommas beim Dividieren**

a)

| | |
|---|---|
| (1) 0,4 : 5 = 0,0800 | 0,4 : 0,05 = 008,00 |
| (2) 0,21 : 7 = 00,030 | 0,21 : 0,7 = 000,30 |
| (3) 3,5 : 0,5 = 0007,00 | 0,36 : 0,3 = 01,20 |
| (4) 8,0 : 0,2 = 040,0 | 0,630 : 0,090 = 007,0 |

b) *verschiedene Lösungen sind möglich*

c) **links:**
(1) 032 : 08,0 = 4,0 / 03,2 : 0,80 = 4,0
(2) 049 : 070 = 0,7 / 04,9 : 07,0 = 0,7 / 0,49 : 0,70 = 0,7
(3) 0,025 : 00,5 = 0,05 / 00,25 : 005 = 0,05
(4) 0250 : 0500 = 0,5 / 025,0 : 050,0 = 0,5 / 02,50 : 05,00 = 0, 5/ 0,250 : 0,500 = 0,5

**rechts**
(1) 00320 : 0080,0 = 4,0 / 0032,0 : 008,00 = 4,0 / 003,20 : 00,800 = 4,0 / 00,320 : 0,0800 = 4,0
(2) 00490 : 00700 = 0,7 / 0049,0 : 0070,0 = 0,7 / 004,90 : 007,00 = 0,7 / 00,490 : 00,700 = 0,7 / 0,0490 : 0,0700 = 0,7
(3) 00180 : 0030,0 = 6,0 / 0018,0 : 003,00 = 6,0 / 001,80 : 00,300 = 6,0 / 00,180 : 0,0300 = 6,0
(4) 063,00 : 00900 = 0,07 / 06,300 : 0090,0 = 0,07 / 0,6300 : 009,00 = 0,07

**Seite 138**

**16 Kleinere Zahlen durch größere Zahlen teilen**

a)

| | |
|---|---|
| (1) 1 : 2 = 0,5 | 2,2 : 2 = 1,1 |
| 1,4 : 2 = 0,7 | 2,6 : 2 = 1,3 |
| 1,8 : 2 = 0,9 | 3,0 : 2 = 1,5 |
| (2) 1 : 2 = 0,5 | 1,111 : 2 = 0,5555 |
| 1,1 : 2 = 0,55 | 1,1111 : 2 = 0,55 555 |
| 1,11 : 2 = 0,555 | 1,11111 : 2 = 0,555 555 |
| (3) 1,2 : 2 = 0,6 | 1,2 : 2000 = 0,0006 |
| 1,2 : 20 = 0,06 | 1,2 : 20 000 = 0,00 006 |
| 1,2 : 200 = 0,006 | 1,2 : 200 000 = 0,000 006 |

b) *verschiedene Lösungen sind möglich, z. B.*
3,2 : 8 = 0,4 / 32 : 80 = 0,4 / 320 : 800 = 0,4

c) Till hat mit seiner Aussage Recht. Teilt man eine kleinere Zahl durch eine größere Zahl, so passt die größere Zahl nicht ganz in die kleinere Zahl. Deshalb muss das Ergebnis kleiner als 1 sein und das Ergebnis fängt mit 0, … an. Verteilt man z. B. 4 Kuchenstücken an 16 Kinder, so bekommt nicht jedes Kind ein ganzes Stückes, sondern nur ein Viertel, also $\frac{1}{4}$ oder 0,25.

**17 Fehlerteufel beim Dividieren**

a) (1) $16 : 0{,}5 = \mathbf{32}$
(2) $0{,}021 : 7 = 0{,}\mathbf{003}$
(3) $6{,}25 : 2{,}5 = \mathbf{2{,}}5$
(4) $20{,}20 : 5 = 4{,}\mathbf{04}$
(5) $0{,}90 : 30 = 0{,}\mathbf{03}$
(6) $18{,}06 : 6 = 3{,}\mathbf{01}$

b) (1) falsche Rechenart
(2) Kommafehler
(3) Einmaleinsfehler
(4) Null vergessen
(5) Kommafehler
(6) Null vergessen

**18 Dividieren mit Ziel**

links:
(1) $74{,}3 : 1 = 74{,}3$ (größtmögliches Ergebnis)
(2) $13{,}4 : 7 = 1{,}914$ (kleinstmögliches Ergebnis)
(3) $17{,}3 : 4 = 4{,}325$

rechts:
(1) $9{,}65 : 1{,}3 = 7{,}423\ldots$(größtmögliches Ergebnis)
(2) $1{,}35 : 9{,}6 = 1{,}914\ldots$(kleinstmögliches Ergebnis)
(3) $6{,}93 : 1{,}5 = 4{,}62$

**19 Wie zahlt jeder?**

a) Die Gesamtkosten müssen durch die Anzahl der Freunde geteilt werden.
Rechnung: $635{,}60 : 7 = 90{,}757\ldots$
Das Ergebnis muss gerundet werden, z. B. auf 90,76 €.
Praktischer wäre, wenn jeder 90,80 € zahlt.

b) *verschiedene Lösungen sind möglich*

## Vertiefen 3 Überschlagen und Rechnen mit Dezimalzahlen

Seite 139

**20 Komma setzen**

a)
(1) $0{,}9 \cdot 3 = 2{,}7$ ⋮ $0{,}9 \cdot 0{,}03 = 0{,}027$
(2) $1{,}4 : 0{,}7 = 2$ ⋮ $0{,}14 : 0{,}7 = 0{,}2$
(3) $1{,}5 \cdot 0{,}4 = 0{,}6$ ⋮ $1{,}5 \cdot 0{,}84 = 1{,}26$
(4) $30{,}6 : 6 = 5{,}1$ ⋮ $3{,}6 : 0{,}6 = 6$

b) *verschiedene Lösungen sind möglich*, z. B.
(1) $9 \cdot 0{,}3 = 2{,}7$ ⋮ $9 \cdot 0{,}003 = 0{,}027$
(2) $14 : 7 = 2$ ⋮ $1{,}4 : 7 = 0{,}2$
(3) $15 \cdot 0{,}04 = 0{,}6$ ⋮ $15 \cdot 0{,}084 = 1{,}26$
(4) $3{,}06 : 0{,}6 = 5{,}1$ ⋮ $36 : 6 = 6$

**21 Fehler finden**

a)
(1) $0{,}6 : 3 = \mathbf{0{,}2}$ ⋮ $0{,}6 : 0{,}03 = \mathbf{20}$
(2) $0{,}8 \cdot 0{,}9 = \mathbf{0{,}72}$ ⋮ $0{,}08 \cdot 0{,}09 = \mathbf{0{,}0072}$
(3) $4{,}5 \cdot 0{,}15 = \mathbf{0{,}675}$ ⋮ $4{,}5 : 0{,}15 = \mathbf{30}$
(4) $1{,}2 \cdot 1{,}2 = \mathbf{1{,}44}$ ⋮ $0{,}12 \cdot 1{,}2 = \mathbf{0{,}144}$

b) *verschiedene Lösungen sind möglich*

**22 Wie viel sind $^9$ Cent?**

a) Die $^9$ steht für 9 Zehntel-Cent.
$153^9$ Cent = 153,9 Cent
9 Cent wird bewusst so klein geschrieben, da es Zehntel-Cent eigentlich nicht gibt, denn ein Cent ist die kleinste Einheit in unserer Währung. Deshalb wäre eine Kommaschreibweise (153,9 Cent) verwirrend.

b) *Berechnung für Diesel:*
1 Liter Diesel kostet 142,9 Cent.
Wie viel Liter Diesel bekommt man für 50 €?
Rechnung: 50 € = 5000 Cent; $5000 : 142{,}9 \approx 34{,}99$
Antwort: Für 50 € erhält man an der Tankstelle ca. 35 Liter Diesel.
Wie viel muss man für 40 Liter Diesel zahlen?
Rechnung: $40 \cdot 142{,}9 = 5716$; 5716 Cent = 57,16 €
Antwort: Für 40 Liter Diesel muss man 57,16 € bezahlen.
*Berechnung für Super e10:*
1 Liter Super E10 kostet 153,9 Cent.
Wie viel Liter Super E10 bekommt man für 50 €?
Rechnung: 50 € = 5000 Cent; $5000 : 153{,}9 \approx 32{,}49$
Antwort: Für 50 € erhält man an der Tankstelle ca. 32,5 Liter Super E10.
Wie viel muss man für 40 Liter Super E10 zahlen?
Rechnung: $40 \cdot 153{,}9 = 6156$; 6156 Cent = 61,56 €
Antwort: Für 40 Liter Super E10 muss man 61,56 € bezahlen.
*Berechnung für Super:*
1 Liter Super kostet 157,9 Cent.
Wie viel Liter Super bekommt man für 50 €?
Rechnung: 50 € = 5000 Cent; $5000 : 157{,}9 \approx 31{,}67$
Antwort: Für 50 € erhält man an der Tankstelle ca. 31,7 Liter Super.
Wie viel muss man für 40 Liter Super zahlen?
Rechnung: $40 \cdot 157{,}9 = 6316$; 6316 Cent = 63,16 €
Antwort: Für 40 Liter Super muss man 63,16 € bezahlen.
*Berechnung für Super+:*
1 Liter Super+ kostet 161,9 Cent.
Wie viel Liter Super+ bekommt man für 50 €?
Rechnung: 50 € = 5000 Cent; $5000 : 161{,}9 \approx 30{,}88$
Antwort: Für 50 € erhält man an der Tankstelle ca. 30,9 Liter Super+.
Wie viel muss man für 40 Liter Super+ zahlen?
Rechnung: $40 \cdot 161{,}9 = 6476$; 6476 Cent = 64,76 €
Antwort: Für 40 Liter Super+ muss man 64,76 € bezahlen.

c) Im Nachbarort kostet der Liter Super 2 Cent weniger.
Man kann also 80 Cent sparen, wenn man im Nachbarort 40 Liter Super tankt.

Wenn man die Fahrtdauer und Umweltaspekte berücksichtigt, lohnt es sich nicht, für diese Ersparnis in den Nachbarort zu fahren.

**23 Aufgaben finden**

a) *verschiedene Lösungen sind möglich*
Für das Finden von passenden Aufgaben können annähernde Ergebnisse durch Überschlagen erreicht werden. Möchte man das Ergebnis genau ermitteln, so muss das jeweilige Ergebnis multipliziert bzw. dividiert werden, um anschließend die Umkehrung als Aufgabe zu stellen.

b) *verschiedene Lösungen sind möglich*

Seite 140

**24 Messen und Rechnen**

a) *verschiedene Lösungen sind möglich*

(1) Dicke des Mathematikbuches: ca. 0,8 cm
Anzahl der Blätter (Seiten doppelt bedruckt):
$132 : 2 = 66$
Rechnung: $0{,}8 : 66 \approx 0{,}01$
Dicke einer Seite: ca. 0,01 cm bzw. 0,1 mm

(2) Durchmesser eines Centstückes: 16,25 mm
Rechnung: 1 m = 100 cm = 1000 mm
$1000 : 16{,}25 \approx 61{,}54$
Etwa 62 Centstücke nebeneinander sind so lang wie ein Meter.

(3) Dicke eines Centstückes: 1,67 mm
Rechnung: 1 m = 100 cm = 1000 mm
$1000 : 1{,}67 \approx 598{,}8$
Etwa 599 Centstücke übereinander sind so hoch wie ein Meter.

(4) Ein einzelner Wimpernschlag ist zu kurz, um ihn zu messen. Man misst deshalb 10 oder 20 Wimpernschläge und teilt dann durch 10 oder 20.

(5) Am besten man wiegt mehrere Spielfiguren gleichzeitig und teilt das Gewicht durch die Anzahl der Spielfiguren.

b) *verschiedene Lösungen sind möglich*

**25 Lohnt sich das?**

a) Hannah fährt fünfmal pro Woche in die Schule und zurück. Das sind zehn Fahrten pro Woche.
Kosten pro Woche: $5 \cdot 2 \cdot 1{,}95 = 19{,}50$
Die Kosten pro Woche betragen fast 20 Euro, wenn Hannah alle Fahrten einzeln bezahlt, im Monat wären das dann etwa 80 Euro. Eine Schülermonatskarte ist ca. 40 Euro also wesentlich günstiger, als jede Fahrkarte einzeln zu kaufen.

b) Fährt ein Kind fünfmal pro Woche in die Schule und zurück, so sind das zehn Fahrten.
Kosten pro Woche: $5 \cdot 2 \cdot 1{,}30 = 13$
Kosten pro Monat: ca. 52 €
Eine Monatskarte ist viel günstiger, als jedes Mal eine Fahrkarte zu kaufen.
12 Monatskarten kosten 408 €.
Eine Jahreskarte kostet jedoch 446,50 Euro. Es lohnt sich also nicht, eine Jahreskarte zu kaufen.

c) *verschiedene Lösungen sind möglich*

**26 Tapetenbedarf bestimmen**

a)

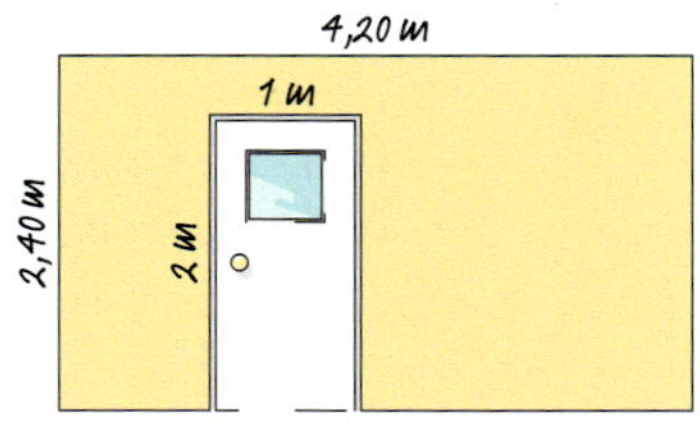


b) Breite der Tapete: 53 cm = 0,53 m
Die Wand ist ohne Tür 4,20 m breit.
$4{,}20 : 0{,}53 = 7{,}92$
Man braucht etwa 8 Tapetenbahnen nebeneinander.
Eine Tapetenrolle ist 10,05 m lang.
Eine Tapetenbahn ist 2,40 m lang.
$10{,}05 : 2{,}40 = 4{,}375$
Aus einer Tapetenrolle bekommt man also 4 Tapetenbahnen (auch mit Verschnitt).
Man benötigt also 2 Rollen Tapete.
Auch wenn man die Fläche der Tür abzieht, muss man trotzdem 2 Rollen Tapete kaufen.

c) Kosten für zwei Tapetenrollen (je 19,98 Euro):
$2 \cdot 19{,}98 = 39{,}96$
Kosten für Tapetenkleister: 5,80 Euro
Gesamtkosten: $39{,}96 + 5{,}80 = 45{,}76$
Zwei Tapetenrollen und einmal Tapetenkleister kosten 45,76 Euro.

## Vertiefen 4 Mit gemischten Brüchen arbeiten

Seite 141

**27 Gemischte Brüche auf dem Zahlenstrahl eintragen**

a) (1) $1\frac{1}{2} + 2\frac{1}{2} = 4$

(2) $2\frac{1}{4} + 3\frac{3}{4} = 6$

(3) $2\frac{3}{10} + 1\frac{1}{5} = 3\frac{1}{2}$

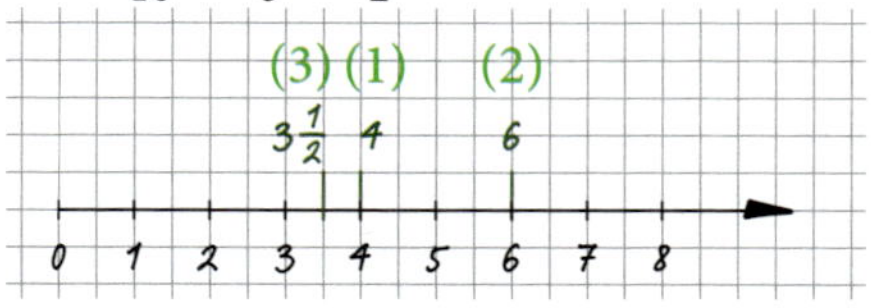

**b)** (1) $1{,}5 + 2{,}5 = 4$
$1{,}5 + 2{,}5 + 3{,}5 = 7{,}5$
$1{,}5 + 2{,}5 + 3{,}5 + 4{,}5 = 12$
$1{,}5 + 2{,}5 + 3{,}5 + 4{,}5 + 5{,}5 = 17{,}5$
(2) $2{,}25 + 3{,}75 = 6$
$2{,}25 + 3{,}75 + 5{,}25 = 11{,}25$
$2{,}25 + 3{,}75 + 5{,}25 + 6{,}75 = 18$
$2{,}25 + 3{,}75 + 5{,}25 + 6{,}75 + 8{,}25 = 26{,}25$
(3) $2{,}3 + 1{,}2 = 3{,}5$
$3{,}4 + 2{,}3 + 1{,}2 = 6{,}9$
$4{,}5 + 3{,}4 + 2{,}3 + 1{,}2 = 11{,}4$
$5{,}6 + 4{,}5 + 3{,}4 + 2{,}3 + 1{,}2 = 17$

**28 Gemischte Brüche multiplizieren und dividieren**

**a)** Für die Berechnung der Zutaten für 6 Beerenmuffins müssen alle Zutaten durch 2 dividiert werden.
$\frac{2}{3}$ Tassen Mehl, $\frac{1}{2}$ Teelöffel Backpulver,
$\frac{1}{2}$ Tasse Haferflocken, $\frac{1}{8}$ Tasse Zucker,
$\frac{1}{4}$ Teelöffel Zimt, $\frac{1}{2}$ Tasse Milch, ein halbes Ei,
$1\frac{1}{2}$ Teelöffel Pflanzenöl, $1\frac{1}{4}$ Tassen frische Beeren

**b)** Für die Berechnung der Zutaten für 30 Beerenmuffins müssen alle Zutaten mit 2,5 multipliziert werden.

$3\frac{1}{3}$ Tassen Mehl, $2\frac{1}{2}$ Teelöffel Backpulver,
$2\frac{1}{2}$ Tassen Haferflocken, $\frac{5}{8}$ Tassen Zucker,
$1\frac{1}{4}$ Teelöffel Zimt, $2\frac{1}{2}$ Tassen Milch, $2\frac{1}{2}$ Eier,
$7\frac{1}{2}$ Teelöffel Pflanzenöl, $6\frac{1}{4}$ Tassen frische Beeren

**29 Magisches Quadrat mit gemischten Brüchen**

| | | |
|---|---|---|
| $2\frac{1}{4}$ | $\frac{1}{2}$ | **$1\frac{3}{4}$** |
| **1** | $1\frac{1}{2}$ | **2** |
| **$1\frac{1}{4}$** | **$2\frac{1}{2}$** | $\frac{3}{4}$ |

**30 Gemischte Brüche würfeln**
Für Spiele werden keine Lösungen angegeben.

## Vertiefen 1 Anteile und Teile verstehen und bestimmen

Seite 154

**1 Anteile und Teile auf dem Bruchstreifen und dem Zahlenstrahl**

a) (1)

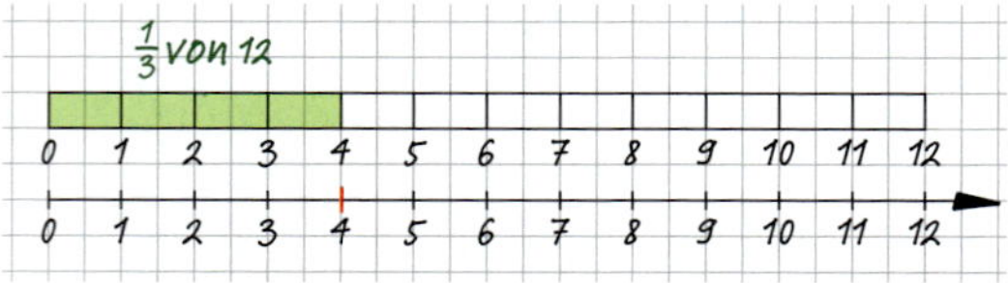


$\frac{1}{3}$ von 12 ist 4.

(2)

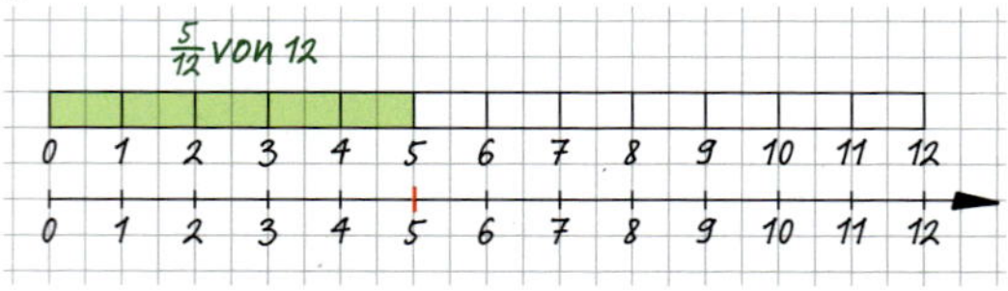


$\frac{5}{12}$ von 12 ist 5.

(3)

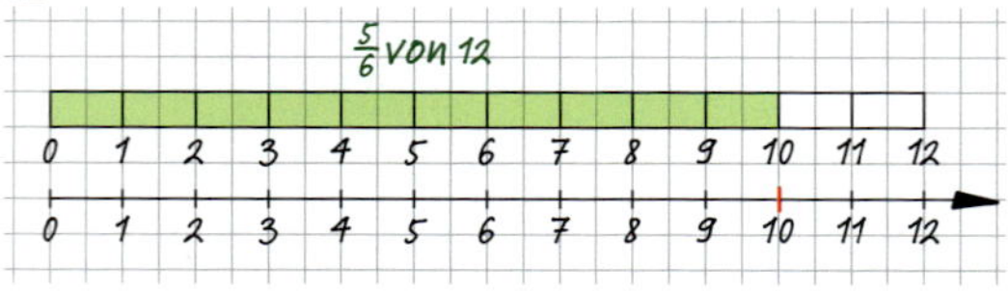


$\frac{5}{6}$ von 12 ist 10.

b) (1)

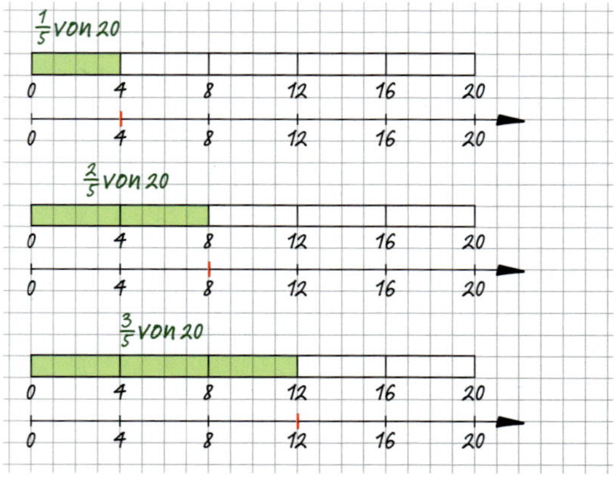


$\frac{1}{5}$ von 20 ist 4; $\frac{2}{5}$ von 20 ist 8; $\frac{3}{5}$ von 20 ist 12

(2)

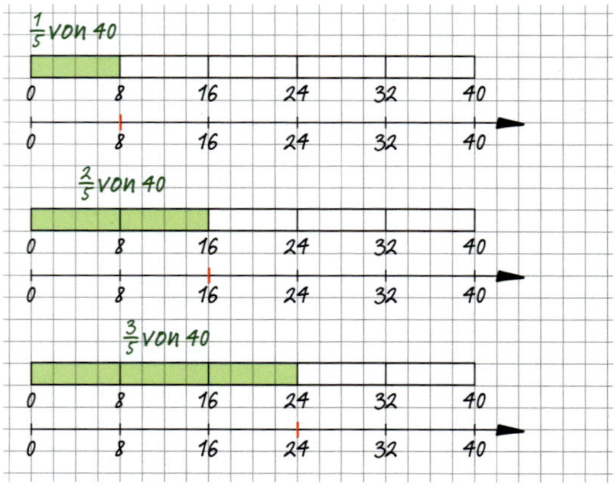


$\frac{1}{5}$ von 40 ist 8; $\frac{2}{5}$ von 40 ist 16; $\frac{3}{5}$ von 40 ist 24

(3)

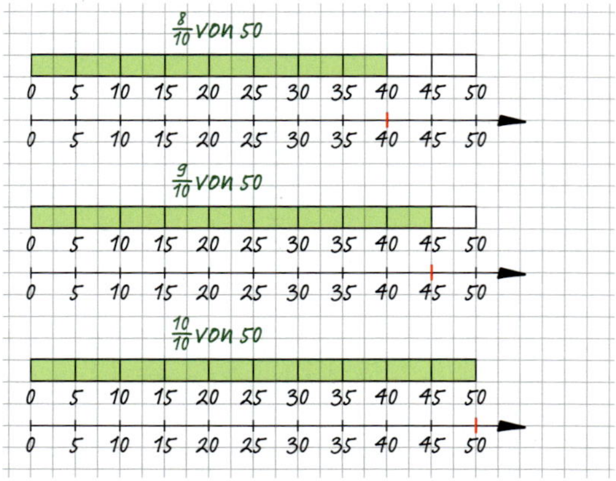


$\frac{8}{10}$ von 50 ist 40; $\frac{9}{10}$ von 50 ist 45;
$\frac{10}{10}$ von 50 ist 50

**2 Fairer Handel?**

a) Die Grafik zeigt, wer welchen Anteil am Verkauf eines Sportschuhs verdient. Die Markenfirma bekommt beispielsweise $\frac{1}{3}$ von dem Preis des Schuhs, aber die Löhne machen nur 1 % = $\frac{1}{100}$ aus. Man sieht, dass der Anteil des Lohns sehr gering ist.

b)

| | Löhne $\left(1\,\% = \frac{1}{100}\right)$ | Gewinn der Markenfirma $\left(\frac{1}{3}\right)$ | Gewinn des Einzelhandels $\left(30\,\% = \frac{3}{10}\right)$ |
|---|---|---|---|
| (1) | 90 : 100 = 0,9<br>90 Cent | 90 : 3 = 30<br>30 € | 27 € |
| (2) | 36 : 100 = 0,36<br>36 Cent | 36 : 3 = 12<br>12 € | 10,80 € |
| (3) | 15 : 100 = 0,15<br>15 Cent | 15 : 3 = 5<br>5 € | 4,50 € |

c) *verschiedene Lösungen sind möglich,* z. B.
Der Anteil der Lohnkosten ist mit 1 % zu gering. Es wäre gerechter, diesen Anteil zu vergrößern. Die Summe aller Prozentangaben muss immer 100 % betragen.
Eine einfache Lösung wäre z. B., den Gewinn der Markenfirma um 10 % des Preises zu reduzieren und die Lohnkosten um 10 % zu erhöhen. Die neue Verteilung wäre: Lohn 11 %, Markenfirma 23,3 %, die übrigen Anteile bleiben identisch.

*andere Möglichkeit der Aufteilung,* z. B.
Lohn 19 %, Markenfirma 25 %, Einzelhandel 20 %, Herstellungskosten 11 % (kaum veränderbar),

Transport und Steuer $\frac{1}{20} = 5\,\%$,

Mehrwertsteuer $\frac{1}{5} = 20\,\%$ (gesetzlich festgelegt)
Kontrolle: 19 + 25 + 20 + 11 + 5 + 20 = 100
– passt!

**3 Kinder auf der Flucht**

a) ☐ alle Menschen auf der Flucht
☐ Kinder unter 18 Jahren auf der Flucht
☐ Kinder unter 5 Jahren auf der Flucht
Es ist überraschend, dass die Hälfte aller Menschen auf der Flucht Kinder sind.

b) Das Ganze sind 40 Mio. Flüchtlinge (40 Kästchen)
(1) **P** **A** Ganzes (alle Flüchtlinge): 40 Mio.
Teil (Kinder unter 18 auf der Flucht) gesucht
Anteil: Hälfte
**D** 40 Mio. : 2 = 20 Mio.
**E** 20 Millionen Flüchtlinge sind unter 18 J.
(2) **P** **A** Ganzes (alle Flüchtlinge) 40 Mio.
Teil (Flüchtlinge unter 5 Jahren) gesucht
Anteil 10 %
**D** 10 % von 40 Mio.,
also 40 Mio. : 10 = 4 Mio.
**E** 4 Millionen Flüchtlinge sind unter 5 Jahren.

c) **P** **A** Ganzes (Anzahl aller Kinder der Welt): 2000 Mio.
Teil (flüchtende Kinder der Welt): 20 Mio.
Anteil: gesucht

**D** 20 Mio. von 2000 Mio. sind $\frac{20}{2000} = \frac{1}{100}$,

**E** Also muss jedes 100. Kind auf der Welt flüchten.

d) (1) **P** **A** Ganzes (☐ flüchtende Kinder): 20 Mio.
Teil (Anzahl flüchtende Kinder zwischen 5 und 18, also ohne ☐ Kinder unter 5 Jahren auf der Flucht): 20 Mio. – 4 Mio. = 16 Mio.
Anteil: gesucht
**D** 16 Mio. von 20 Mio. ist $\frac{16}{20} = \frac{4}{5}$

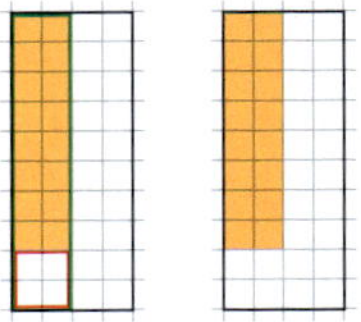

(oder im Bild ablesen)
**E** $\frac{4}{5}$ aller flüchtenden Kinder sind zwischen 5 und 18 Jahre alt.
(2) **P** **A** Ganzes (☐ alle Menschen auf der Flucht): 40 Mio.
Teil (Flüchtlinge zwischen 5 und 18): 16 Mio.
Anteil: gesucht

**D** 16 Mio. von 40 Mio. ist $\frac{16}{40} = \frac{2}{5}$
(oder im Bild ablesen)
**E** $\frac{2}{5}$ aller Flüchtlinge sind zwischen 5 und 18 Jahre alt.

Seite 155

**4 Klassengrößen**

| | | Anteil an der Klasse | Teil: Anzahl der Kinder | Ganze Klasse |
|---|---|---|---|---|
| (1) | Angola | $\frac{1}{3}$ | 12 | 36 |
| (2) | Mali | $\frac{1}{4}$ | 12 | **48** |
| (3) | Niger | $\frac{3}{10}$ | 12 | **40** |
| (4) | Ruanda | $\frac{2}{5}$ | 26 | **65** |

(1) z. B.

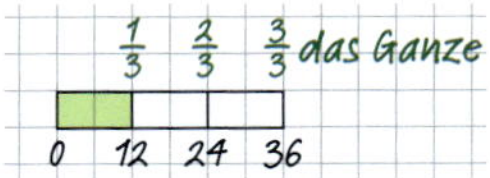


(2) z. B.

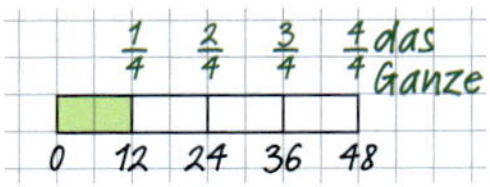


(3) z. B.

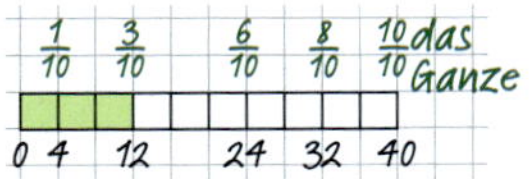


(4) z. B.

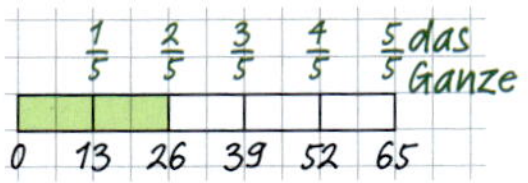


**5 Viel oder wenig gespart?**

a) *verschiedene Lösungen sind möglich,* z. B.

Anteil: $25\,\% = \frac{1}{4}$
Ganzes: 100 €
Teil: 25 % von 100 € = 25 €,
denn 100 : 4 = 25
Anteil: 25 %
Ganzes: 36 €
Teil: 25 % von 36 € = 9 €, denn 36 : 4 = 9
Ist das Ganze größer, so sind auch 25 % von diesem Ganzen größer.

b)

| | Anteil | Teil | Ganzes |
|---|---|---|---|
| (1) | $\frac{1}{3}$ | **20 €** | 60 € |
| (2) | $\frac{1}{3}$ | 23 € | **69 €** |
| (3) | $\frac{6}{5}$ | **78 €** | 65 € |
| (4) | $\frac{2}{5}$ | 36 € | **90 €** |
| (5) | $\frac{3}{7}$ | **36 €** | 84 € |
| (6) | $\frac{3}{100}$ | **99 €** | 3300 € |

*verschiedene Erklärungen sind möglich,*
z. B. rechnerisch:

(1) $\frac{1}{3}$ von 60 € ist 20 €, denn 60 : 3 = 20

(2) 23 € sind $\frac{1}{3}$ von 69 €, denn 23 · 3 = 69

(3) 65 € sind $\frac{5}{5}$, und 65 € : 5 = 13 € ist dann $\frac{1}{5}$, also sind $\frac{6}{5}$ insgesamt 78 €

(4) 36 € sind $\frac{2}{5}$, dann sind $\frac{1}{5}$ gleich 18 € (36 : 2) und das Ganze mit $\frac{5}{5}$ ist gleich 90 € (18 · 5)

(5) das Ganze mit $\frac{7}{7}$ ist 84 €, dann ist $\frac{1}{7}$ gleich 12 € (84 : 7) und $\frac{3}{7}$ gleich 36 € (12 · 3)

(6) das Ganze mit $\frac{100}{100}$ ist 3300 €, dann ist $\frac{1}{100}$ gleich 33 € (3300 : 100) und $\frac{3}{100}$ sind 99 € (33 · 3)

**c)** *verschiedene Vergleichsergebnisse sind möglich*

**d)** Der gesuchte Teil zu $\frac{6}{5}$ ist größer als ein Ganzes $\frac{5}{5}$. Er ist um $\frac{1}{5}$ größer als ein Ganzes.

**6 Anteil – Teil – Ganzes – Was ist gesucht?**

① Teil ist gesucht; $\frac{1}{4}$ von 16 sind 4 (16 : 4) und $\frac{3}{4}$ sind 12 (3 · 4)

② Anteil ist gesucht; 4 · 7 = 28, also sind 4 von 28 der Anteil $\frac{1}{7}$

③ Teil ist gesucht; $\frac{1}{3}$ von 6 sind 2 (6 : 3) und $\frac{2}{3}$ sind 4 (2 · 2)

④ Ganzes ist gesucht; $\frac{1}{5}$ sind 2, also sind $\frac{5}{5}$ gleich 10 (5 · 2)

⑤ Ganzes ist gesucht; $\frac{2}{3}$ sind 6, also sind $\frac{1}{3}$ gleich 3 (6 : 2) und $\frac{3}{3}$ sind 9 (3 · 3)

## Vertiefen 2 Anteile in Bezug zum Ganzen verstehen und bestimmen

Seite 156

**7 Farben im Bild**

**a)** *verschiedene Lösungen sind möglich,* z. B.
Till hat die Anzahl der Kästchen in verschiedenfarbig umrandeten Flächen gezählt und die Flächeninhalte miteinander verglichen. Er meint, dass die rot umrandete Fläche (2 Kästchen) halb so groß ist wie die blau umrandete Fläche (4 Kästchen).

□ entspricht $\frac{1}{6}$ von □.
□ entspricht $\frac{2}{3}$ von □.
□ entspricht $\frac{3}{4}$ von □.
□ entspricht $\frac{1}{6}$ von □.
□ entspricht $\frac{1}{12}$ von □.
□ entspricht $\frac{1}{2}$ von □.
□ entspricht $\frac{1}{6}$ von □.
□ entspricht $\frac{1}{8}$ von □.
□ entspricht $\frac{1}{2}$ von □.
□ entspricht $\frac{1}{1}$ von □.

**b)** *verschiedene Lösungen sind möglich*
Die beste Möglichkeit ist ein Rechteck mit 60 Kästchen, denn 60 ist Vielfaches aller Nenner.
z. B. mit 10 × 6 Kästchen:

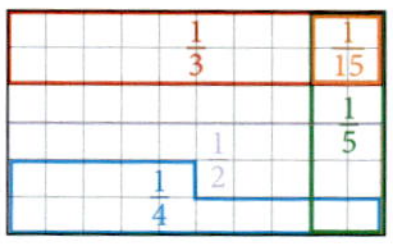


**8 So leben Menschen in Industrie- und Entwicklungsländern**

**a)** □ entspricht der Weltbevölkerung
□ entspricht dem Teil der Industrieländer
□ entspricht dem Teil der Entwicklungsländer
□ entspricht dem Teil der Menschen, die in Industrieländern unterernährt sind
□ entspricht dem Teil der Menschen, die in Entwicklungsländern unterernährt sind

Man kann noch mehr erkennen, z. B.
- der Anteil an Menschen, die in den Entwicklungsländern nicht unterernährt sind, ist $\frac{5}{6}$
- der Anteil an Menschen, die in Industrieländern nicht unterernährt sind, ist $\frac{41}{42}$
- der Anteil der unterernährten Menschen in den Entwicklungsländern an der Weltbevölkerung ist $\frac{5}{36}$

**b)** *verschiedene Lösungen sind möglich,* z. B.

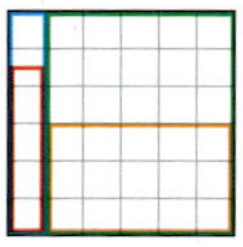

**9 Unterernährung von Kindern**

**a), b)** Der Anteil ist bei allen drei Aussagen 66 % und auch der Teil (unterernährte Kleinkinder in Asien) ist gleich. Nur das Ganze unterscheidet sich.
(1) Ganzes: alle Kleinkinder in Asien
(2) Ganzes: alle unterernährten Kleinkinder der Welt

(3) Ganzes: alle Menschen in Asien
Die Aussage (2) passt zum Diagramm, denn das Diagramm zeigt, wie die unterernährten Kinder der Welt sich auf die verschiedenen Regionen der Welt verteilen. Von allen unterernährten Kleinkindern der Welt sind 66 % aus Asien.
Die anderen beiden Aussagen passen nicht zum Diagramm.

## Vertiefen 3 Anteile von Anteilen zeichnen und bestimmen

**Seite 157**

**10 Schulbesuche im Vergleich**

a) Zur Bestimmung des Anteils an Fünftklässlern muss man jeweils den Anteil vom Anteil bestimmen.

Tschad: $\frac{1}{4}$ von $\frac{5}{10}$ ist $= \frac{5}{40} = \frac{1}{8}$

Deutschland: $\frac{1}{1}$ von $\frac{1}{1}$ ist 1

Südafrika: $\frac{4}{5}$ von $\frac{9}{10}$ ist $\frac{36}{50} = \frac{18}{25}$

Bolivien: $\frac{5}{6}$ von $\frac{19}{20}$ ist $\frac{95}{120} = \frac{19}{24}$

Für die Lösung ist es hilfreich, eine Zeichnung anzufertigen, z. B. zum Tschad:

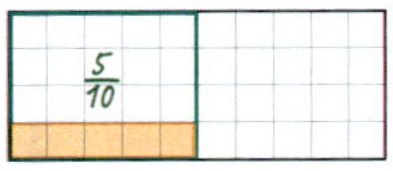


$\frac{1}{4}$ von $\frac{5}{10}$ ist $\frac{1}{8}$ vom Ganzen.

b) Der Tschad hat mit $\frac{1}{8}$ den kleinsten Anteil an Kindern in der 5. Klasse.

**11 Anteile von Anteilen zeichnen und Muster erkennen**

Am besten zeichnet man Rechtecke, deren Längen und Breiten zu den Nennern der Brüche passen.

**links:**

(1)

$\frac{2}{3}$ von $\frac{5}{6}$ sind $\frac{10}{18}$ $\quad$ $\frac{5}{6}$ von $\frac{2}{3}$ sind $\frac{10}{18}$

(2)
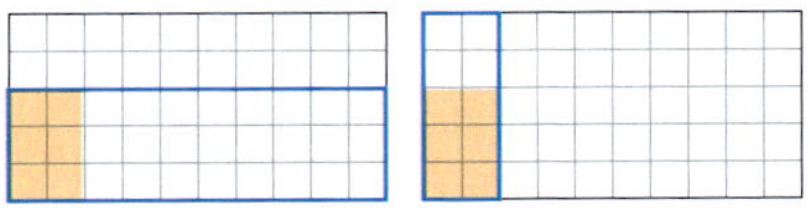

$\frac{2}{10}$ von $\frac{3}{5}$ sind $\frac{6}{50}$ $\quad$ $\frac{3}{5}$ von $\frac{2}{10}$ sind $\frac{6}{50}$

(3)
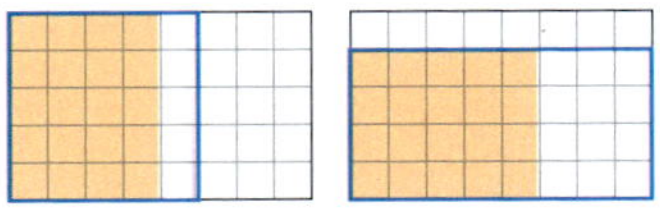

$\frac{4}{5}$ von $\frac{5}{8}$ sind $\frac{1}{2}$ $\quad$ $\frac{5}{8}$ von $\frac{4}{5}$ sind $\frac{20}{40} = \frac{1}{2}$

(4)
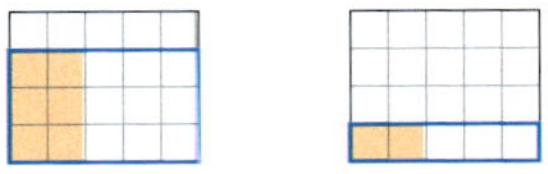

$\frac{2}{5}$ von $\frac{3}{4}$ sind $\frac{6}{20}$ $\quad$ $\frac{2}{5}$ von $\frac{1}{4}$ sind $\frac{2}{20}$

In (1) bis (3) sieht man an den entstandenen Anteilen, dass sie gleich sind. Durch das Vertauschen der Anteile werden Zeilen und Spalten nur vertauscht. Daher hat die Tauschaufgabe immer dasselbe Ergebnis.

**rechts:**

(1)

$\frac{2}{3}$ von $\frac{3}{7}$ sind $\frac{6}{21}$ $\quad$ $\frac{3}{7}$ von $\frac{2}{3}$ sind $\frac{6}{21}$

(2)
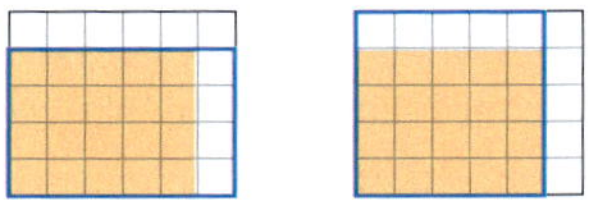

$\frac{5}{6}$ von $\frac{4}{5}$ sind $\frac{20}{30}$ $\quad$ $\frac{4}{5}$ von $\frac{5}{6}$ sind $\frac{20}{30}$

(3)

$\frac{3}{4}$ von $\frac{3}{2}$ sind $\frac{9}{8}$ $\quad$ $\frac{3}{2}$ von $\frac{3}{4}$ sind $\frac{9}{8}$

(4)

$\frac{3}{2}$ von $\frac{6}{12}$ sind $\frac{9}{12} = \frac{3}{4}$ $\quad$ $\frac{3}{2}$ von $\frac{2}{3}$ ist das Ganze, also 1

In (1) bis (3) sieht man an den entstandenen Anteilen, dass sie gleich sind. Durch das Vertauschen der Anteile werden Zeilen und Spalten nur vertauscht. Daher hat die Tauschaufgabe immer dasselbe Ergebnis.

**12 Faltbilder lesen**

a) linkes Bild: $\frac{3}{4}$ von $\frac{2}{5}$ ist $\frac{6}{20}$

rechtes Bild: $\frac{6}{8}$ von $\frac{3}{8}$ ist $\frac{18}{64}$

b) *verschiedene Lösungen sind möglich,* z. B. kann man unterschiedliche gleichwertige Brüche finden, wenn man feiner oder gröber faltet. Durch das Falten ändert sich die Anzahl der Kästchen.

Man kann statt $\frac{6}{20}$ auch $\frac{3}{10}$ schreiben und statt $\frac{18}{64}$ auch $\frac{9}{32}$, dann halbiert sich die Anzahl der Kästchen und aus zwei Kästchen wird eines.

c) *verschiedene Lösungen sind möglich*

**Seite 158**

**13 Anteile von Anteilen unterschiedlich darstellen**

a) $\frac{2}{3}$ von $\frac{3}{4}$ ist $\frac{1}{2}$ vom Ganzen

$\frac{3}{5}$ von $\frac{5}{8}$ ist $\frac{3}{8}$ vom Ganzen

**b)**

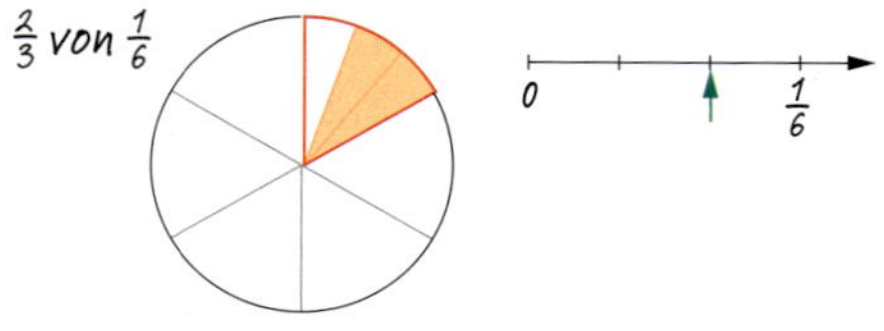


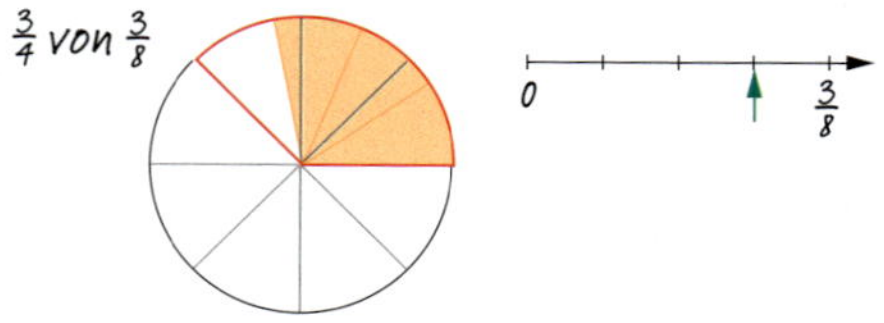


**c)** *verschiedene Lösungen sind möglich*

**d)** Die Anteile vom Ganzen sind in Merves Bild leichter abzulesen, die Anteile von Anteilen kann man besser in Pias Bild ablesen.
Der Vorteil bei der Darstellung in Rechtecken ist, dass man die Anzahl der Teile leichter bestimmen und damit Nenner und Zähler direkt ablesen kann. Außerdem ist es möglich, unterschiedliche Darstellungen eines Bruchs abzulesen.

## Vertiefen 4 Multiplizieren von Brüchen

Seite 159

**16 Stoffe im Quadratmeter**

**a)** Sari 12 m²; Seiden-Sari $7\frac{1}{2}$ m²; Rock $1\frac{1}{4}$ m²;
T-Shirt $\frac{4}{5}$ m²; Kindershirt $\frac{2}{5}$ m²; Kinderbluse $\frac{3}{5}$ m²

Hinweis: Man kann Brüche zerlegen, um Flächeninhalte zu berechnen (gestrichelte Linien)

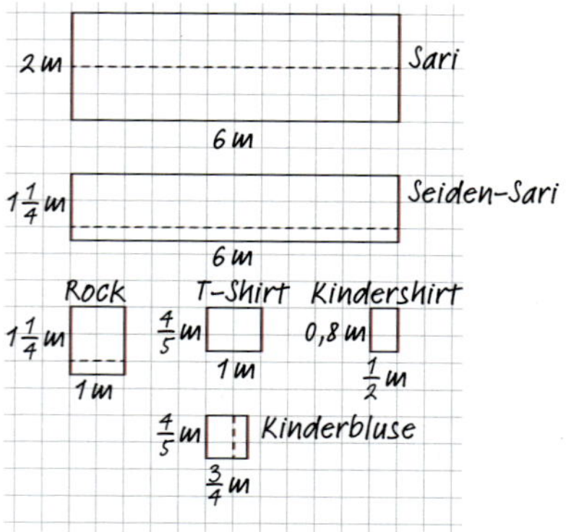


**b)**

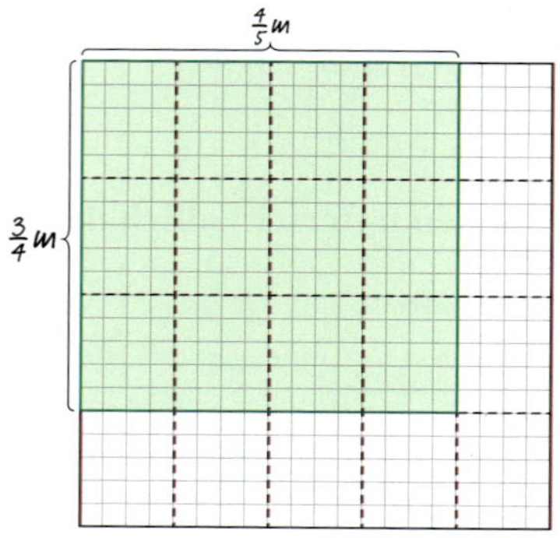

Anteil $\frac{12}{20}$ $\left(=\frac{3}{5}\right)$

**c)** *verschiedene Erklärungen sind möglich,* z. B.

Bei Anteilen von Anteilen würde man auf Flächenanteile schauen (hier: die gestrichelten Linien geben die Anteile an). Bei Flächeninhalten von Rechtecken schaut man auf die Seitenlängen und beschreibt diese als Anteile von Metern (hier: die grünen Seitenlängen).

**14 Stille Post: Anteile von Anteilen in verschiedenen Darstellungen**
*verschiedene Lösungen sind möglich*
Bei den unterschiedlichen Darstellungen der Anteile von Anteilen muss stets das Gleiche herauskommen.

**15 Brüche größer als ein Ganzes**

**a)** $\frac{1}{3}$ von 6 Plättchen sind 2 Plättchen.

Dann sind $\frac{4}{3}$ von 6 Plättchen 8 Plättchen.

**b)**

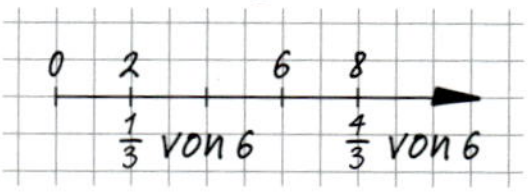


**c)**

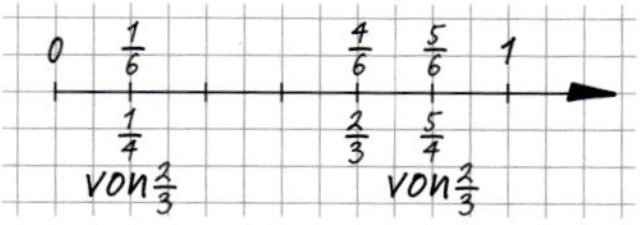


**17 Flächen als Anteile**

**a)** ① Maße: $\frac{2}{4}$ m und $\frac{1}{2}$ m; Fläche: $\frac{2}{4} \cdot \frac{1}{2} = \frac{2}{8} = \frac{1}{4}$, also $\frac{1}{4}$ m²

② Maße: $\frac{1}{2}$ m und $\frac{5}{12}$ m; Fläche: $\frac{5}{24}$; $\frac{1}{2} \cdot \frac{5}{12} = \frac{5}{24}$, also $\frac{5}{24}$ m²

③ Maße: $\frac{1}{5}$ m und $\frac{1}{4}$ m; Fläche: $\frac{1}{20}$; $\frac{1}{5} \cdot \frac{1}{4} = \frac{1}{20}$, also $\frac{1}{20}$ m²

④ Maße: $\frac{2}{6}$ m und $\frac{2}{2}$ m; Fläche: $\frac{4}{12} = \frac{1}{3}$; $\frac{2}{6} \cdot \frac{2}{2} = \frac{4}{12}$ $= \frac{1}{3}$, also $\frac{1}{2}$ m²

⑤ Maße: $\frac{3}{6}$ m und $\frac{3}{4}$ m; Fläche: $\frac{9}{24} = \frac{3}{8}$;
$\frac{3}{6} \cdot \left(\frac{1}{2} + \frac{1}{4}\right) = \frac{9}{24} = \frac{3}{8}$, also $\frac{3}{8}$ m²

**b)** *verschiedene Zeichnungen sind möglich,* z. B.

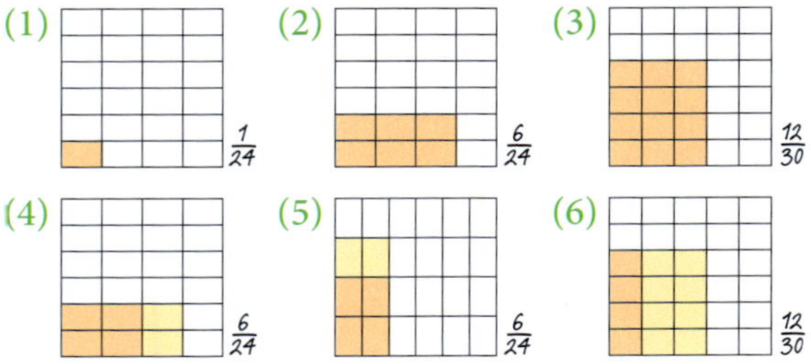


**Seite 160**

**18 Flaggen nähen**

**a)** Der Flächeninhalt der gesamten Flagge beträgt

$\frac{1}{2}\text{m} \cdot \frac{3}{4}\text{m} = \frac{3}{8}\text{m}^2$.

Der rote Teil ist davon $\frac{1}{3}$, also $\frac{1}{8}\text{m}^2$.

**b)** Till: $\left(\frac{1}{3} \cdot \frac{1}{2}\right) \cdot \frac{3}{4} = \frac{1}{8}$;

Ole: $\frac{1}{3}$ von $\frac{1}{2} \cdot \frac{3}{4}$, also $\frac{1}{3} \cdot \left(\frac{1}{2} \cdot \frac{3}{4}\right) = \frac{1}{8}$

Pia: $\frac{3}{4} \cdot \frac{1}{6} = \frac{3}{24} = \frac{1}{8}$

Alle vier Ansätze stimmen, aber die Terme unterscheiden sich voneinander.

**c)** *verschiedene Lösungsansätze sind möglich,* z. B.
Der Flächeninhalt der gesamten Flagge beträgt $\frac{3}{8}\text{m}^2$.

**links:**

Spanien: Die Hälfte ist rot. $\frac{1}{2} \cdot \frac{3}{8}\text{m}^2 = \frac{3}{16}\text{m}^2$

Samoa: $\frac{3}{4}$ ist rot. $\frac{3}{4} \cdot \frac{3}{8}\text{m}^2 = \frac{9}{32}\text{m}^2$

**rechts:**

Eritrea: Ohne Beachtung des Musters ist die Hälfte rot. $\frac{1}{2} \cdot \frac{3}{8}\text{m}^2 = \frac{3}{16}\text{m}^2$

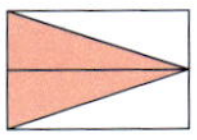

Guyana: $\frac{1}{4}$ ist rot. $\frac{1}{4} \cdot \frac{3}{8}\text{m}^2 = \frac{3}{32}\text{m}^2$

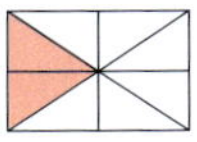

**19 Das x-fache**

**a)**

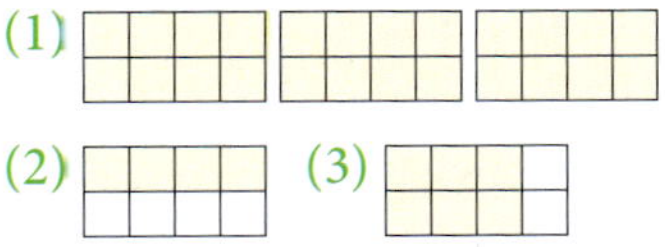


**b)**

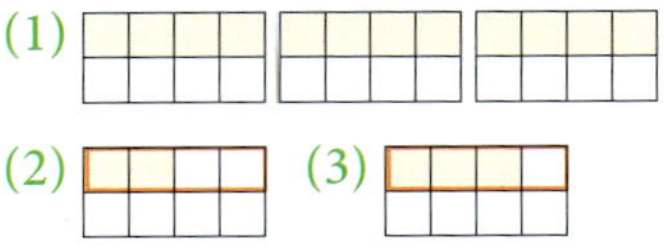


**c)** (1) $3 \cdot 8 = 24$ entspricht **a)** (1)

(2) $\frac{1}{2} \cdot 8 = 4$ entspricht **a)** (2)

(3) $\frac{3}{4} \cdot 8 = 6$ entspricht **a)** (3)

(4) $3 \cdot \frac{1}{2} = \frac{3}{2} = 1\frac{1}{2}$ entspricht **b)** (1)

(5) $\frac{1}{2} \cdot \frac{1}{2} = \frac{1}{4}$ entspricht **b)** (2)

(6) $\frac{3}{4} \cdot \frac{1}{2} = \frac{3}{8}$ entspricht **b)** (3)

**20 Verschiedene Darstellungen für die Multiplikation von Brüchen**

**a)** *verschiedene Lösungen sind möglich,* z. B.

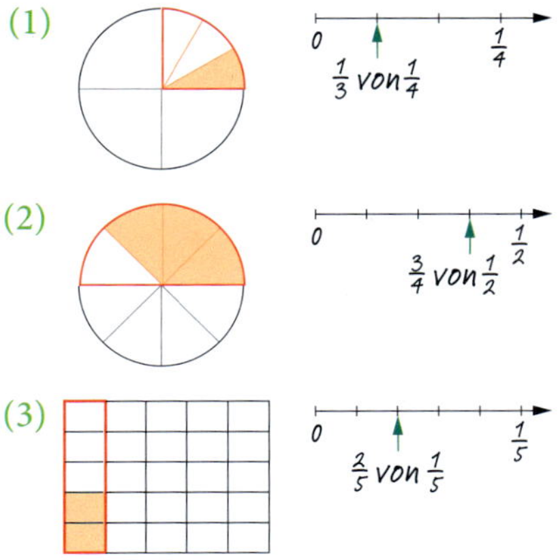


**b)** *verschiedene Vergleichsergebnisse sind möglich*

**Seite 161**

**21 Beim Einkaufen**

Einkaufszettel Möhren-Tomaten:

$\frac{3}{4} \cdot \frac{1}{2} + 2 \cdot (4 \cdot 1{,}80) = 0{,}375 + 14{,}40 = 14{,}775$

14,78 €

Einkaufszettel Möhren-Auberginen:

$\frac{1}{2} \cdot \frac{1}{2} + \frac{3}{2} \cdot 2{,}60 = 0{,}25 + 3{,}90 = 4{,}15$

4,15 €

Einkaufszettel Tomaten-Auberginen:

$\frac{1}{2} \cdot (4 \cdot 1{,}80) + \frac{1}{2} \cdot 2{,}60 =$

$2 \cdot 1{,}80 + 1{,}30 = 3{,}60 + 1{,}30 = 4{,}90$

4,90 €

**22 Multiplizieren vergrößert immer?**

**a)** $\frac{3}{4} \cdot 3 = \frac{9}{4} = 2{,}25$

Anna muss 2,25 € bezahlen.

**b)** *verschiedene Lösungen sind möglich,* z. B.
Tills erster Satz ist richtig, der Geldbetrag muss unter 3 € liegen, da Anna weniger als ein Kilo Mandarinen kaufen will.
Aber seine Meinung, dass Multiplizieren vergrößert, und sein Rechenvorschlag sind falsch.
Wenn man mit einem Bruch kleiner als 1 multipliziert, so wird die Zahl im Ergebnis kleiner.
Rechenbeispiele findet man z. B. in Aufgabe **19**.

**23 Würfelspiel: Nahe an 1**

*verschiedene Lösungen sind möglich*

**24 Erweitern und Multiplizieren**

Nein, Erweitern und Multiplizieren sind nicht dasselbe. Beim Multiplizieren wird ein Anteil vom Anteil genommen, also der Anteil verändert (außer man rechnet $\cdot 1$). Beim Erweitern bleibt der Anteil gleich groß, wird nur verfeinert.
*Das kann durch Zeichnungen noch verdeutlicht werden,* z. B.

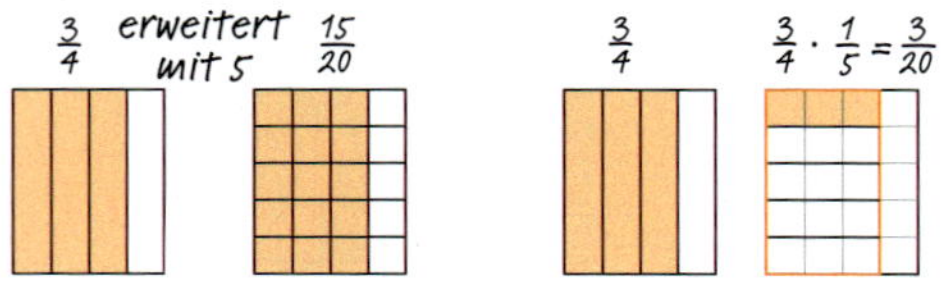


**25 Kiba**

a) Fruchtsaftanteil Bananennektar: $25\,\% = \frac{1}{4}$

Fruchtsaftanteil Kirschnektar: $30\,\% = \frac{30}{100}$

(1) Kirschnektar-Anteil ist $\frac{1}{3}$:

$\frac{1}{3} \cdot \frac{3}{10} = \frac{1}{10} = \frac{10}{100} = 10\,\%$

Bananennektar-Anteil $\frac{2}{3}$:

$\frac{2}{3} \cdot \frac{1}{4} = \frac{2}{12} = \frac{1}{6} \approx 16{,}7\,\%$

(2) Kirschnektar-Anteil ist $\frac{1}{5}$:

$\frac{1}{5} \cdot \frac{3}{10} = \frac{3}{50} = \frac{6}{100} = 6\,\%$

Bananennektar-Anteil ist $\frac{4}{5}$:

$\frac{4}{5} \cdot \frac{1}{4} = \frac{4}{20} = \frac{20}{100} = 20\,\%$

b) *verschiedene Lösungswege sind möglich,* z. B. ergibt sich durch systematisches Probieren, dass die KiBa-Mischung ein Ki-zu-Ba-Verhältnis von 5 : 6 haben muss.
Mit dieser Rechnung wird das bestätigt:

$\frac{6}{11} \cdot \frac{25}{100} = \frac{150}{1100}$ und $\frac{5}{11} \cdot \frac{30}{100} = \frac{150}{1100}$

Seite 162

**26 Mal-Mauern mit Brüchen**

a) links:

(1)
$\frac{1}{10}$
$\frac{1}{4}$ | $\frac{2}{5}$
$\frac{3}{4}$ | $\frac{1}{3}$ | $\frac{6}{5}$

(2)
$\frac{6}{35}$
$\frac{4}{14}$ | $\frac{6}{10}$
$\frac{2}{7}$ | $\frac{1}{1}$ | $\frac{3}{5}$

(3)
$\frac{2}{25}$
$\frac{3}{10}$ | $\frac{4}{15}$
$\frac{3}{4}$ | $\frac{2}{5}$ | $\frac{2}{3}$

rechts:

(1)
$\frac{18}{24}$
$\frac{1}{2}$ | $\frac{3}{2}$
$\frac{3}{4}$ | $\frac{2}{3}$ | $\frac{9}{4}$

(2)
$\frac{6}{5}$
$\frac{12}{10}$ | $\frac{8}{8}$
$\frac{3}{5}$ | $\frac{4}{2}$ | $\frac{2}{4}$

(3) z. B.
$\frac{1}{2}$
$\frac{3}{4}$ | $\frac{2}{3}$
$\frac{15}{4}$ | $\frac{1}{5}$ | $\frac{10}{3}$

b) *verschiedene Lösungen sind möglich*

**27 Zahlen ergänzen**

*verschiedene Lösungen sind möglich*

links:

(1) $\frac{3}{7} \cdot \frac{5}{8} = \frac{15}{56}$

(2) z. B. $\frac{8}{15} \cdot \frac{4}{3} = \frac{32}{45}$; $\frac{16}{15} \cdot \frac{4}{6} = \frac{32}{45}$; $\frac{24}{15} \cdot \frac{4}{9} = \frac{32}{45}$

(3) z. B. $\frac{3}{2} \cdot \frac{2}{2} = \frac{6}{4}$; $\frac{3}{2} \cdot \frac{3}{3} = \frac{6}{4}$; $\frac{3}{2} \cdot \frac{4}{4} = \frac{6}{4}$

(4) z. B. $\frac{5}{4} \cdot \frac{4}{8} = \frac{20}{32}$; $\frac{1}{4} \cdot \frac{20}{8} = \frac{20}{32}$; $\frac{2}{4} \cdot \frac{10}{8} = \frac{20}{32}$

rechts:

(1) z. B. $\frac{1}{9} \cdot \frac{5}{2} = \frac{5}{18}$; $\frac{2}{9} \cdot \frac{5}{4} = \frac{5}{18}$; $\frac{3}{9} \cdot \frac{5}{6} = \frac{5}{18}$

(2) z. B. $\frac{2}{4} \cdot \frac{15}{8} = \frac{30}{32}$; $\frac{1}{4} \cdot \frac{30}{8} = \frac{30}{32}$; $\frac{4}{4} \cdot \frac{15}{8} = \frac{30}{16}$

(3) z. B. $\frac{3}{14} = \frac{1}{2} \cdot \frac{3}{7}$; $\frac{3}{14} = \frac{2}{4} \cdot \frac{3}{7}$; $\frac{3}{14} = \frac{3}{6} \cdot \frac{3}{7}$

(4) z. B. $\frac{2}{4} \cdot \frac{10}{9} = \frac{20}{36}$; $\frac{2}{4} \cdot \frac{10}{7} = \frac{20}{28}$; $\frac{2}{4} \cdot \frac{10}{8} = \frac{20}{32}$

**28 Wer findet zuerst einen passenden Faktor?**

*verschiedene Lösungen sind möglich*

## Vertiefen 5 Passende Situationen zu Rechnungen finden

Seite 163

**29 Selbst gefundene Situationen beurteilen**

a) *verschiedene Lösungen sind möglich,* z. B.
$\frac{1}{4}$ der Kinder in der Klasse haben Geschwister. $\frac{2}{3}$ davon hat mehr als einen Bruder oder eine Schwester. Welcher Anteil der Kinder hat mehrere Geschwister?
$\frac{2}{12}$ der Kinder in der Klasse haben mehrere Geschwister.

b) *verschiedene Lösungen sind möglich,* z. B.
Ugurs Text ist keine Textaufgabe, sondern die Rechnung wird nur im Text erwähnt.
Pauls Text ist nicht korrekt. Die Situation passt eher zu einer Addition. Es müsste heißen: $\frac{2}{3}$ der Leute auf der Party bringen noch jemanden mit, $\frac{1}{4}$ davon bringen Geschwister mit. Welcher Anteil der Leute bringt Geschwister mit?
Piotrs Formulierung für den Anteil vom Anteil ist korrekt. Es wäre jedoch schöner, wenn die Aufgabe in einen Zusammenhang gestellt würde, z. B. Lena hat noch $\frac{1}{4}$ l Milch im Kühlschrank, $\frac{2}{3}$ davon braucht sie zum Backen. Wie viel Milch ist das?
Klaras Textaufgabe passt genau zur Rechnung. Nur ihre Frage passt nicht dazu. Ihre Frage könnte lauten: Wie viele Kinder spielen ein Instrument und treiben Sport?

**30 Was gehört wozu?**

a) Janis: $\frac{1}{4} \cdot \frac{1}{2}$, denn es soll der Anteil von einem Anteil berechnet werden, also Multiplikation.
Akin: $\frac{1}{4} + \frac{1}{2}$, denn dazugeben bedeutet addieren.

Lars: $\frac{1}{4} - \frac{1}{2} \cdot \frac{1}{4}$, denn es wird etwas weggenommen, also Subtraktion und zwar die Hälfte vom Viertel.
Luisa: $\frac{1}{4} : 2$, denn es wird auf zwei verteilt, also Division durch 2.
Dennis: $\frac{1}{2} - \frac{1}{4}$, denn es wird etwas weggenommen, also Subtraktion.

b) $\frac{1}{2} : 4$; z. B. Ein halber Liter Saft wird auf vier Gläser gleichmäßig verteilt. Wie viel Liter Saft enthält jedes Glas?

c) *verschiedene Zeichnungen sind möglich,* z. B.

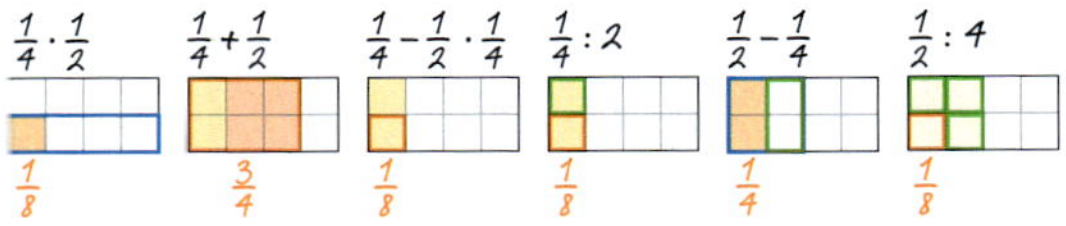


**31 Rabattaktionen**

a) *verschiedene Lösungen sind möglich,* z. B.
Wird eine Ware zweimal um 25 % reduziert, kostet sie noch 75 % von 75 %, also
75 % · 75 % = 56,25 % vom ursprünglichen Preis.

In Brüchen: $\frac{3}{4}$ von $\frac{3}{4}$ sind $\frac{9}{16}$

Bei 320 € sind 56,25 % $\left(\frac{9}{16}\right)$ nun 180 €.

Die Hälfte wäre aber nur 160 €.

b) 70 % von 80 %: 70 % · 80 % = 56 %
100 % – 56 % = 44 %
Also wurde insgesamt um 44 % reduziert.

## Vertiefen 1 Vergrößern und Verkleinern

Seite 176

**1 Muster mit vergrößerten Figur**

a) (1)

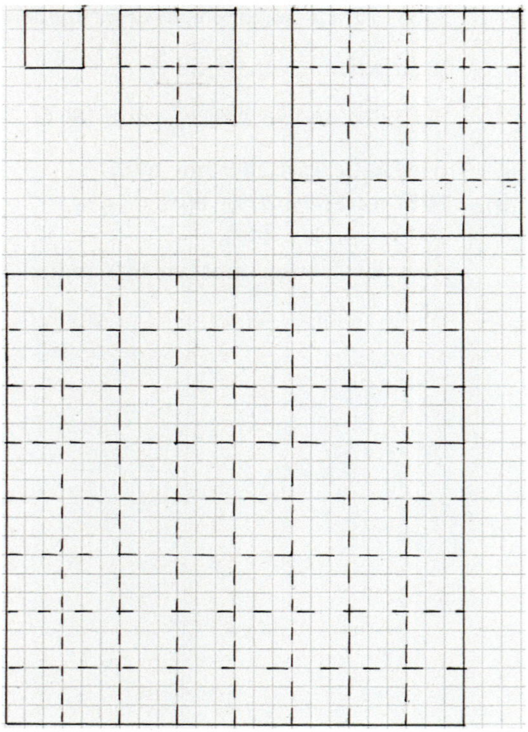

(2)

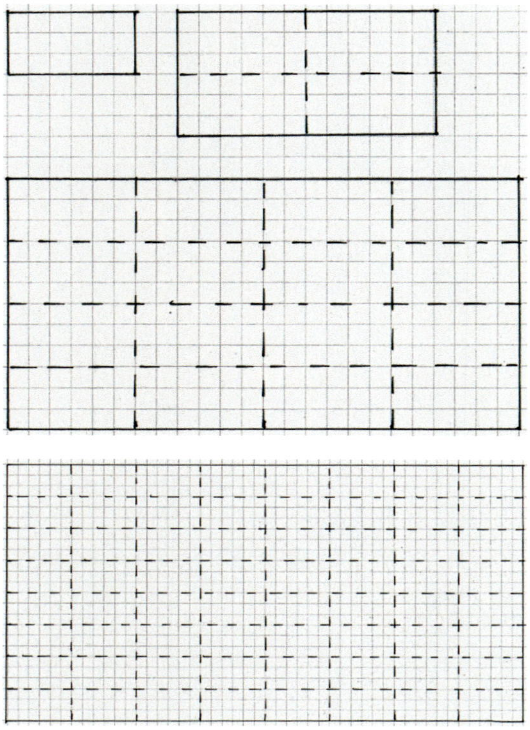

(3)

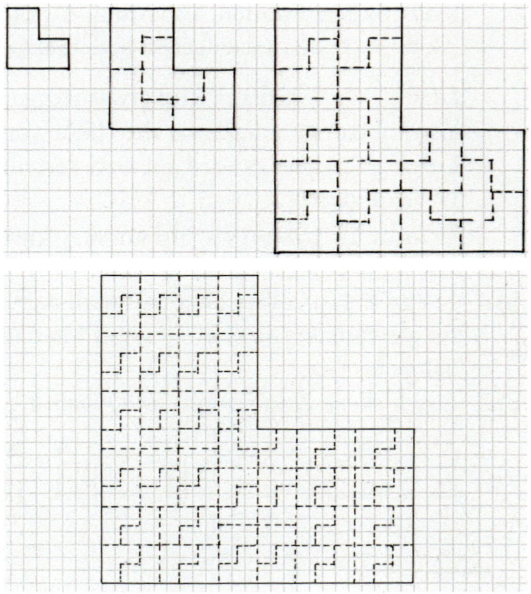

b) Bei der Vergrößerungszahl 2 passt die kleine Figur 4-mal hinein.
Bei der Vergrößerungszahl 4 passt die kleine Figur 16-mal hinein.
Bei der Vergrößerungszahl 8 passt die kleine Figur 64-mal hinein.
Eine mögliche Regel lautet: Vergrößert sich die Seitenlänge um eine Vergrößerungszahl, so vergrößert sich der Flächeninhalt um das Quadrat der Vergrößerungszahl.
Beispiel: Seitenlänge mal 3 bedeutet für den Flächeninhalt, dass dieser mit $3 \cdot 3 = 9$ multipliziert werden muss.

c) *verschiedene Erläuterungen sind möglich*
Man muss alle Seitenlängen mit derselben Vergrößerungszahl multiplizieren.

**2 Längen und Flächen vergrößern**

a) Vergrößerungszahlen der Seitenlängen: 2, 3, 4
Vergrößerungszahlen der Flächeninhalte: 4, 9, 16

b) Der Flächeninhalt wird um das 100-fache vergrößert.

c) *Für das zu zeichnende Rechteck sind verschiedene Lösungen möglich.*
Der Flächeninhalt verändert sich mit den Vergrößerungszahlen 4, 9 und 16. Das Rechteck verhält sich genauso wie das Quadrat in a).

**3 Vergrößerte Formen in der Kunst**

Quadrat (schwarz):Vergrößerungszahl 2
Quadrat (rot): Vergrößerungszahl 4
Quadrat (blau / weiß): Vergrößerungszahl 2,5

Rechteck (weiß): Vergrößerungszahl 2
Rechteck (weiß / weiß / weiß / gelb):
Vergrößerungszahl 5

**Seite 177**

**4 Vergrößerungs- und Verkleinerungszahlen finden**

a) Stark vergrößert: (1) und (8)
Stark verkleinert: (2) und (7)

b) (1) Vergrößerungszahl: 3
(2) Verkleinerungszahl: 5
(3) Vergrößerungszahl: 1,5
(4) Verkleinerungszahl: 2,5
(5) Verkleinerungszahl: 2
(6) Vergrößerungszahl: 2
(7) Verkleinerungszahl: 4
(8) Vergrößerungszahl: 2,5

c)

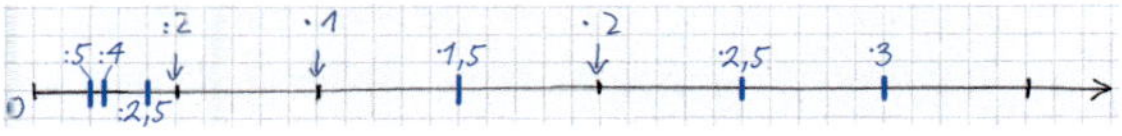


**5 Original und Modell**

| | |
|---|---|
| (1) Bild 20 mm breit<br>Original 5 mm breit<br>Vergrößerungszahl 4<br>Maßstab 4 : 1 | Bild 2,5 cm lang<br>Original 0,01 cm lang<br>Vergrößerungszahl 250<br>Maßstab 250 : 1 |
| (2) Bild 2,5 cm breit<br>Original 5 cm breit<br>Verkleinerungszahl 2<br>Maßstab 1 : 2 | Bild 2,6 cm lang<br>Original 52 km lang<br>Verkleinerungszahl 2 000 000<br>Maßstab 1 : 2 000 000 |

**Seite 178**

**6 Tierabbildung im Maßstab**

a) b) (1) Bild 30 mm, Original 60 mm, 60 : 30 = 2
Verkleinerungszahl 2, Maßstab 1 : 2
(2) Bild 30 mm, Original 20 mm, 30 : 20 = 1,5
Vergrößerungszahl 1,5; Maßstab 1,5 : 1
(3) Bild 30 mm, Original 10 mm, 30 : 10 = 3 : 1
Vergrößerungszahl 3, Maßstab 3 : 1
(4) Bild 3 cm, Original 6 m = 600 cm, 600 : 3 = 200 Verkleinerungszahl 200, Maßstab 1 : 200
(5) Bild 3 cm, Original 9 m = 900 cm, 900 : 3 = 300
Verkleinerungszahl 300, Maßstab 1 : 300
(6) Bild 3 cm = 30 mm, Original 0,1 mm, 30 : 0,1 = 300; Vergrößerungszahl 300, Maßstab 300 : 1

Sortierung nach Größe des Maßstabs:
(6), (3), (2), (1), (4), (5)

**7 Original und Modell nebeneinander**

① Vergrößerung um die Zahl 3, Maßstab 3 : 1
Man kann sich an der Flügellänge orientieren oder an der Länge des Verdecks des Cockpits
② Vergrößerung um etwa 4,5, Maßstab 4,5 : 1
Man kann die Höhen auf dem Bild vergleichen.

**Seite 179**

**8 Faktoren und Maßstäbe aufschreiben**

(1) 1 cm im Modell entsprechen 87 cm in der Wirklichkeit. Die Längen im Original wurden durch 87 dividiert, um die Längen im Modell zu erhalten, also verkleinert.
Das Modell hat den Maßstab 1 : 87.
(2) 120 000 cm im Bild entsprechen 1 cm in der Wirklichkeit. Die Längen im Original wurden mit 120 000 multipliziert, um die Längen im Bild zu erhalten, also vergrößert.
Das Bild hat den Maßstab120 000 : 1.
(3) 7,5 cm im Modell entsprechen etwa 300 cm in Wirklichkeit. Die Längen im Original wurden durch 40 dividiert, um die Längen im Modell zu erhalten, also verkleinert.
Das Modell hat den Maßstab 1 : 40.
(4) 1 cm im Bild entspricht 2,7 cm in Wirklichkeit. Die Längen im Original wurden durch 2,7 dividiert, um die Längen im Bild zu erhalten, also verkleinert.
Das Bild hat den Maßstab 1 : 2,7.
(5) 1 cm im Bild entsprechen 2 mm in Wirklichkeit (Breite des Streichholzes). Die Längen im Original wurden mit 5 multipliziert, um die Längen im Bild zu erhalten, also vergrößert.
Das Bild hat den Maßstab 5 : 1.
(6) 1 cm im Modell entsprechen 40 cm in Wirklichkeit. Die Längen im Original wurden durch 40 dividiert, um die Längen im Modell zu erhalten, also verkleinert.
Das Modell hat den Maßstab 1 : 40.
(7) 200 cm im Modell (Schulterhöhe der Löwenfigur) entsprechen 100 cm in Wirklichkeit. Die Längen im Original wurden mit 2 multipliziert, um die Längen im Bild zu erhalten, also vergrößert.
Das Modell hat den Maßstab 2 : 1.
(8) 1 cm im Bild entsprechen 750 cm in Wirklichkeit. Die Längen im Original wurden durch 750 dividiert, um die Längen im Bild zu erhalten, also verkleinert.
Das Bild hat den Maßstab 1 : 750.

**9 Riesen ohne Beine**

a) *verschiedene Lösungen sind möglich,* z. B.
**P** roblem verstehen: Die Präsidenten sind viel größer als im Original. Man sieht nur ihre Köpfe. Wenn sie einen Körper hätten, wie groß wäre der dann? Wie groß ist die Vergrößerung?
**A** nsatz suchen: Der Bauarbeiter steht auf einer Nase. Wenn ich die Nasenlänge schätze, kann ich sie mit einer richtigen Nase vergleichen.
**D** urchführen: Schätzen der Nasenlänge mit Hilfe des Bauarbeiters: Länger als zwei Körperlängen, also etwa 4 m = 400 cm
Nase im Original: etwa 5 cm
Vergrößerungszahl also: 5 cm · 80 = 400 cm
Körpergröße des Präsidenten im Original: Ich nehme an, etwa 1,80 m.
Körpergröße des Präsidenten aus Stein: 144 m
**E** rgebnis erklären: Damit wären die Präsidenten aus Stein etwa 150 m hoch.
**K** ontrolle: Es kann zu Ungenauigkeiten gekommen sein, da Größe der Nase und des Bauarbeiters nur Schätzungen sind.

b) Der ungefähre Maßstab ist 80 : 1.

Seite 179

**10 Mikrochip**

a) *verschiedene Lösungen sind möglich,* z. B.
**P** roblem verstehen: Die Ameise ist in Wirklichkeit viel kleiner, der Mikrochip auch. Gesucht ist die Vergrößerungszahl.
**A** nsatz suchen: Ich schätze, wie groß eine Ameise in Wirklichkeit ist, und vergleiche mit dem Bild.
**D** Ameise auf dem Bild ausmessen (Höhe 3 cm) und mit Original (Höhe aufgerichtet 3 mm) vergleichen. Die Ameise wurde mit dem Maßstab 10 : 1 abgebildet.
**E** Damit wurde die Ameisengröße mit der Vergrößerungszahl 10 multipliziert.
**K** Eventuelle Ungenauigkeiten durch Schätzungen möglich. Man weiß nicht genau, welche Ameise dargestellt ist. Eine Ameise ist laut Fachliteratur zwischen 2 mm und 3 cm groß. Die abgebildete Ameise könnte in der Wirklichkeit auch viel kleiner sein.

b) Der Mikrochip ist auf dem Bild ungefähr halb so groß wie die Ameise. Der Mikrochip ist ungefähr 1,5 mm = 0,15 cm groß.
Man kann auch nachmessen: Der Chip auf dem Bild ist 1,5 cm hoch. Beim Maßstab 1 : 10 ist er in der Wirklichkeit also 1,5 cm : 10 = 1,5 mm hoch.

**11 Zimmer einrichten**

a) Die Grundrisse der Möbel sind in dem angegebenen Maßstab dargestellt. Die Längen aus diesen Grundrissen werden mit der Verkleinerungszahl multipliziert, um die Längen in Wirklichkeit zu erhalten, also vergrößert.
*Zimmer*: Länge 5 m, Breite 4 m, Fenster 2 m
*Tisch weiß*: Länge 1,50 m , Breite 1,50 m
*schwarzer Tisch*: Länge 1,50 m, Breite 75 cm
*Sofa*: Länge 1,20 m, Breite 1,20 m
*Regal*: Länge 1,20 m, Breite 60 cm
*Schrank*: Länge 1,20 m, Breite 40 cm
*weißes Bett*: Länge 1,80 m, Breite 90 cm
*schwarz-weißes Bett*: Länge 2 m, Breite 80 cm

b) *verschiedene Lösungen sind möglich,* z. B.

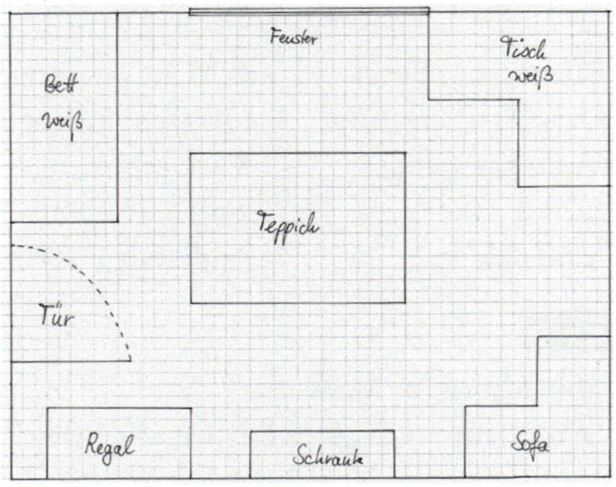


c) Der Teppich hat die Maße: Länge 1,8 m, Breite 1,3 m. Er passt in die Mitte des Zimmers. Eventuell könnte Ole auch Möbel darauf abstellen.

## Vertiefen 2 Mit großen Maßstäben arbeiten

Seite 181

**12 Maßstäbe schätzen**
(1) 1 : 1000 Millionen gehört zu ② (Weltkarte)
(2) 1 : 30 000 000 gehört zu ③ (Italien-Karte)
(3) 3 : 1 gehört zu ④ (SIM-Karte)
(4) 1 : 12 500 gehört zu ① (Wanderroute)
(5) 1 : 1 gehört zu ⑤ (Stift)

**13 Passende Kartenmaßstäbe verwenden**
(1) Die aufgefaltete Karte ist 1 m breit.
100 km sollen darauf abgebildet werden.
100 km = 100 000 m
Der Maßstab sollte 1 : 100 000 sein.
(2) Die aufgefaltete Karte ist 1 m breit.
2000 km sollen darauf abgebildet werden.
2000 km = 2 000 000 m
Der Maßstab sollte 1 : 2 000 000 sein.

(3) Die aufgefaltete Karte ist 1 m breit.
20 km sollen darauf abgebildet werden.
20 km = 20 000 m
Der Maßstab sollte 1 : 20 000 sein.

**14 Abstände zwischen Städten**

a)

| | |
|---|---|
| (1) Entfernung Linz – Wien auf der Karte 1,8 cm; in Wirklichkeit: 1,8 · 8 000 000 = 14 400 000<br>14 400 000 cm = 144 km<br>Die Entfernung Linz – Wien ist 144 km. | Entfernung Linz-Grenze Deutschland auf der Karte 0,5 cm; in Wirklichkeit: 0,5 · 8 000 000 = 4 000 000<br>4 000 000 cm = 40 km<br>Die Entfernung Linz – Grenze Deutschland ist 40 km. |
| (2) Entfernung Graz – Salzburg auf der Karte 2,3 cm; in Wirklichkeit: 2,3 · 8 000 000 = 18 400 000<br>18 400 000 cm = 184 km<br>Die Entfernung Graz – Salzburg ist 184 km. | Entfernung Innsbruck – Grenze Ungarn auf der Karte 4,3 cm; in Wirklichkeit: 4,3 · 8 000 000 = 34 400 000<br>34 400 000 cm = 344 km<br>Die Entfernung Innsbruck – Grenze Ungarn ist 344 km. |

b) Für die Bestimmung der Entfernung misst man zunächst die Entfernung auf der Karte. Dann multipliziert man die gemessene Länge mit der Verkleinerungszahl und rechnet anschließend diese Zahl in km um.
(1) Köln und Berlin sind ca. 480 km entfernt.
(2) Amsterdam und Belgrad sind ca. 1420 km entfernt.

**Seite 182**

**15 Mit dem Taschenrechner und Einheiten umgehen**

a) *Erster Schritt:*
Ole hat auf der Karte 5,8 cm gemessen. Diese Entfernung nimmt er nun „mal 20 000 000“, da der Maßstab der Karte 1 : 20 000 000 ist.
Als Ergebnis erhält Ole 116 000 000 cm.
*Zweiter Schritt:*
Ole rechnet nun das Ergebnis in Meter („geteilt durch 100“) um und erhält 1 160 000 m.
*Dritter Schritt:*
Im letzten Schritt rechnet Ole das Ergebnis in Kilometer um („geteilt durch 1000“) und erhält 1160 km.
Die Entfernung zwischen Amsterdam und Budapest beträgt somit ca. 1160 km.

b) Gemessene Entfernung von Warschau nach Bern in der Karte ist 5,7 cm.
5,7 · 20 000 000 = 114 000 000 (in cm )
114 000 000 : 100 = 1 140 000 (in m)
1 140 000 : 1000 = 1140 (in km)
Die Entfernung zwischen Warschau und Bern beträgt ca. 1140 km.

**16 Unser Sonnensystem verkleinern**

a) Ole möchte einen passenden Maßstab finden, sodass das Sonnensystem auf eine Heftseite passt. Eine Heftlänge ist 29,5 cm breit. Dazu muss er die Verkleinerungszahl suchen, sodass der Abstand der Sonne bis zum äußersten Planeten unter 29,5 cm ist.
Ole teilt zunächst den Abstand 4,5 Milliarden Kilometer durch 100 000 000 und erhält 45 km.
Dann wandelt Ole in die nächstkleinere Einheit um.
Bei der weiteren Rechnung wandelt Ole zunächst Kilometer in Meter um und teilt dazu die Maßzahl durch 1000.
45 km = 45 000 m
45 000 m : 1000 = 45 m

b) Dann wandelt Ole Meter in Zentimeter um und teilt dazu durch 100.
45 m = 4500 cm
4500 cm : 100 = 45 cm
45 cm ist immer noch zu breit für eine Heftseite. Nun muss Ole noch die passende Umrechnungszahl finden, damit die Zeichnung unter 29,5 cm breit ist. Dazu teilt er nochmals durch 2 und erhält 22,5 cm.
45 cm : 2 = 22,5 cm
Nun passt die Zeichnung auf eine Heftseite.
Insgesamt hat er durch folgende Zahlen geteilt: durch 100 000 000, durch 1000, durch 100, durch 2
Das ergibt: 20 000 000 000 000
Der berechnete Maßstab ist:
1 : 20 000 000 000 000 (Eins zu 20 Billionen)

c) Durchmesser der Sonne: 1 400 000 km
1 400 000 km : 20 000 000 000 000 000 = 0,07 mm
Der Durchmesser der Sonne ist in der Zeichnung nur ein winziger Punkt, der kleiner als ein Zehntel Millimeter ist.

Abstände der Planeten im Original:
Uranus-Sonne: 2,9 Milliarden km
Saturn-Sonne: 1,4 Milliarden km
Jupiter-Sonne: 0,8 Milliarden km
Mars-Sonne: 230 Millionen km

Erde-Sonne: 150 Millionen km
Venus-Sonne: 108 Millionen km
Merkur-Sonne: 58 Millionen km
Abstände auf der Zeichnung:
Uranus-Sonne: 14,5 cm
Saturn-Sonne: 7 cm
Jupiter-Sonne: 4 cm
Mars-Sonne: 1,15 cm
Erde-Sonne: 0,75 cm = 7,5 mm
Venus-Sonne: 0,54 cm = 5,4 mm
Merkur-Sonne: 0,29 cm = 2,9 mm

## Vertiefen 3 Vergrößern und Verkleinern mit verschiedenen Zahlen

**Seite 183**

**17 Vergrößern und Verkleinern mit Dezimalzahlen**

Originalhöhe: 1,5 cm
(1) Höhe: 0,4 cm;
Verkleinerungszahl 3,5, denn 1,5 : 0,4 = 3,75
(2) Höhe: 0,75 cm;
Verkleinerungszahl 2, denn 1,5 : 0,75 = 2
(3) Höhe: 1,1 cm;
Verkleinerungszahl 1,4, denn 1,5 : 1,1 ≈ 1,4
(4) Höhe: 1,5 cm; dies entspricht dem Original.
(5) Höhe: 1,8 cm;
Vergrößerungszahl 1,2, denn 1,8 : 1,5 = 1,2
(6) Höhe: 2,1 cm;
Vergrößerungszahl 1,4, denn 2,1 : 1,5 = 1,4
(7) Höhe: 2,4 cm;
Vergrößerungszahl 1,7, denn 2,5 : 1,5 ≈ 1,7
(8) Höhe: 2,8 cm;
Vergrößerungszahl 1,9, denn 2,8 : 1,5 ≈ 1,9

**18 Vergrößern und Verkleinern am Kopierer**

a) Wenn man alle Längen verdoppeln möchte, muss man am Kopiergerät 200 % einstellen.

b) Das Ergebnis ist weder eine Verkleinerung noch eine Vergrößerung, da die Kopie nach beiden Schritten wieder die in Originalgröße hat.
Um das Ergebnis in einem Schritt zu erhalten, müsste man am Kopiergerät 100 % einstellen.
Man kann auch rechnen: 2 · 0,5 = 1.

c) *verschiedene Lösungen sind möglich,* z. B.
Vergrößerung auf 400 % und Verkleinerung auf 25 % ergibt die Originalgröße.
Vergrößerung auf 500 % und Verkleinerung auf 20 % ergibt die Originalgröße.

d) Der Kopierer kann auch verkleinern. Dies ist immer dann der Fall, wenn eine Prozentzahl unter 100 % am Kopiergerät eingestellt wird.

**19 Vergrößern und Verkleinern mit der Textverarbeitung**

① Man muss für die Breite 50 % und für die Höhe 100 % eingeben, um den Schmetterling „schmaler“ zu machen.
② Man muss für die Breite 100 % und für die Höhe 50 % eingeben, um den Schmetterling „flacher“ zu machen.
③ Man muss sowohl für die Breite als auch die Höhe 50 % eingeben, um den Schmetterling mit der gleichen Form zu verkleinern.

**Seite 184**

**20 Von Münze zu Münze**

a) 1 ct zu 2 ct: 115 %, da 18,75 : 16,25 ≈ 1,15
2 ct zu 5 ct: 113 %, da 21,25 : 18,75 ≈ 1,13
5 ct zu 10 ct: 93 %, da 19,75 : 21,25 ≈ 0,93
10 ct zu 20 ct: 113 %, da 22,25 : 19,75 ≈ 1,13
20 ct zu 50 ct: 109 %, da 24,25 : 22,25 ≈ 1,09
50 ct zu 1 €: 96 %, 23,25 : 24,25 ≈ 0,96
1 € zu 2 €: 109 %, da 25,25 : 23,25 ≈ 1,09

b) Die größte Vergrößerung findet man von 1 ct zu 2 ct mit 115 %.
Die kleinste Vergrößerung findet man von 5 ct zu 10 ct mit 93 %.
Bei diesen Münzen ist die Vergrößerungszahl größer als 1 : 1 ct zu 2 ct, 2 ct zu 5 ct, 10 ct zu 20 ct, 20 ct zu 50 ct, 1 € zu 2 €
Bei diesen Münzen ist die Vergrößerungszahl kleiner als 1: 5 ct zu 10 ct, 50 ct zu 1 €
Es ist keine Vergrößerungszahl größer als 120 %.

c) 2 ct zu 10 ct: 105 %, da 19,75 : 18,75 ≈ 1,05
Man kann auch die zuvor berechneten beiden Prozentzahlen in Dezimalzahlen umwandeln und sie dann miteinander multiplizieren:
2 ct zu 5 ct zu 10 ct: 1,13 · 0,93 = 1,05

**21 Sehtesttafeln**

a) Die abgebildeten Buchstaben auf der Sehtesttafel werden pro Zeile immer kleiner.
Bei einem Sehtest muss man Buchstaben aus den verschiedenen Zeilen vorlesen. Je mehr Zeilen richtig gelesen werden können, desto besser ist die Sehstärke. Kann ein Patient ab einer gewissen Zeile die Buchstaben nicht mehr korrekt ablesen, hat der Arzt einen Hinweis auf eine Sehschwäche. Diese kann möglicherweise mit einer Brille korrigiert werden.

(1) 11 mm · ____ = 9 mm Verkleinerung
$9 : 11 \approx 0{,}82$
(2) 9 mm · ____ = 8 mm Verkleinerung
$8 : 9 \approx 0{,}89$
(3) 8 mm · ____ = 7 mm Verkleinerung
$7 : 8 \approx 0{,}88$
(4) 7 mm · ____ = 6 mm Verkleinerung
$6 : 7 \approx 0{,}86$
(5) 6 mm · ____ = 5 mm Verkleinerung
$5 : 6 \approx 0{,}83$
(6) 5 mm · ____ = 4 mm Verkleinerung
$4 : 5 = 0{,}8$
(7) 4 mm · ____ = 3 mm Verkleinerung
$3 : 4 = 0{,}75$
(8) 3 mm · ____ = 2 mm Verkleinerung
$2 : 3 \approx 0{,}67$

b) *verschiedene Lösungen sind möglich*

## Vertiefen 4 Multiplizieren und Dividieren mit Brüchen

**Seite 185**

**22 Vergrößern und Verkleinern mit Brüchen**

a) *verschiedene Lösungen sind möglich,* z. B.
Mit beiden Operationen kann man vergrößern und verkleinern.
Wenn man bei der Multiplikation vergrößern will, so muss Wert größer 1 sein.
Wenn man bei der Multiplikation verkleinern will, so muss der Wert kleiner 1 sein.
Wenn man bei der Division vergrößern will, so muss der Wert kleiner 1 sein.
Wenn man bei der Division verkleinern will, so muss der Wert größer 1 sein.

| | Vergrößern A → A | Verkleinern A → A |
|---|---|---|
| **mal** | Wert größer 1, z. B. $\frac{3}{2}$ oder $\frac{5}{4}$ | Wert kleiner 1, z. B. $\frac{1}{2}$ oder $\frac{2}{3}$ |
| **durch** | Wert kleiner 1, z. B. $\frac{1}{5}$ oder $\frac{3}{37}$ | Wert größer 1, z. B. $\frac{7}{6}$ oder $\frac{13}{6}$ |

b) Möchte man beispielsweise eine Länge verkleinern und zwar auf genau die Hälfte, kann man diese Länge „mal $\frac{1}{2}$" nehmen, z. B. $4\,\text{cm} \cdot \frac{1}{2} = 2\,\text{cm}$

**23 Verschiedene Wege zum Verkleinern und Vergrößern**

a) Till bekommt das gleiche Ergebnis, weil er die Bruchrechnung in zwei Schritte zerlegt hat. Er multipliziert erst mit dem Zähler 3 und dividiert dann durch den Nenner 8.

b) Der Zähler ist kleiner als der Nenner, daher wird verkleinert.

c) *verschiedene Lösungen sind möglich*

d) Ein anderer möglicher Weg ist z. B. zuerst „durch 8" und anschließend „mal 3" zu rechnen.

e) *verschiedene Lösungen sind möglich*
Im Programm „Copystar" wird ebenfalls mit Brüchen verkleinert und vergrößert.

**24 Poster verkleinern und wieder zurück**

a)

| | |
|---|---|
| 2 m = 20 dm = 200 cm | $\frac{7}{10}$ m = 7 dm = 70 cm |
| $200\,\text{cm} \cdot \frac{1}{5} = 40\,\text{cm}$ | $70\,\text{cm} \cdot \frac{1}{10} = 7\,\text{cm}$ |
| Das neue Poster ist 40 cm hoch. | Das neue Poster ist 7 cm hoch. |

b) Man kommt zurück zur alten Postergröße, indem man mit dem umgekehrten Bruch multipliziert.

links:

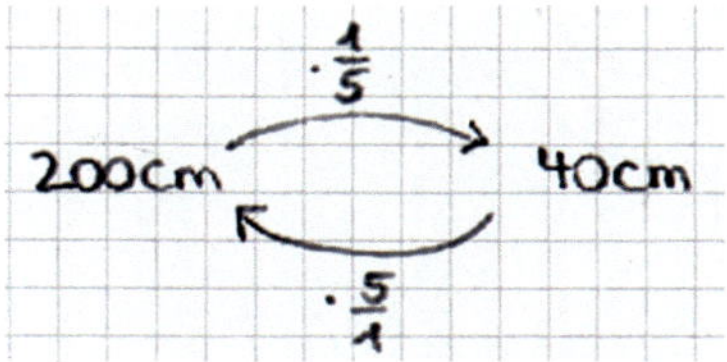


rechts:

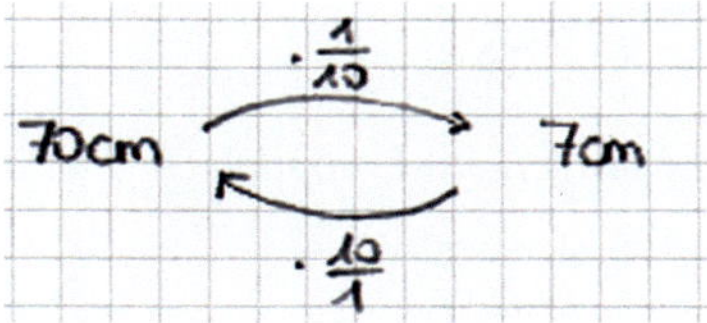


**Seite 186**

**25 Viele Rückwege, die das Gleiche bewirken**

a) Alle vier Hin- und Rückwege funktionieren.

b) Alle Rückwege haben das gleiche Ergebnis, weil bei jeder Rechnung mit dem umgekehrten Bruch (Kehrwert) gerechnet wird.
Die Rechnung „mal $\frac{3}{4}$" wird rückgängig gemacht durch „geteilt durch $\frac{3}{4}$" oder „mal $\frac{4}{3}$".

c)

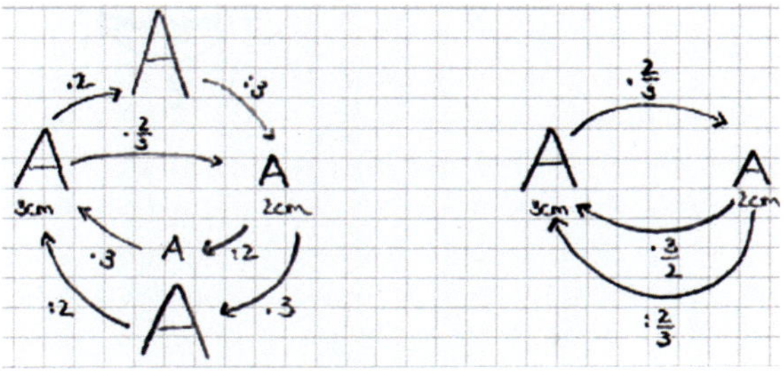

d) *verschiedene Lösungen sind möglich*

**e)** Satz (1) passt zu Bild ④
Satz (2) passt zu Bild ②
Satz (3) passt zu keinem Bild.
Neues Bild zu Satz (3):

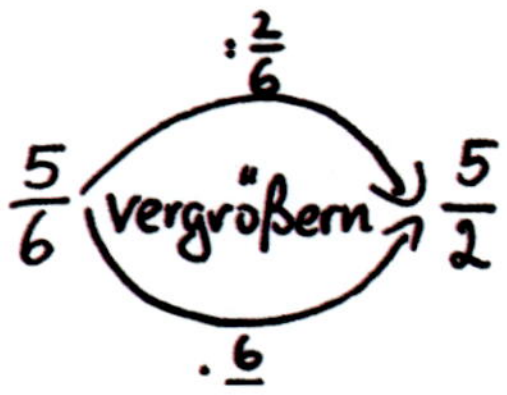


**26 Zusammenpassende Aufgaben**

**a)** Die Aufgaben (1), (3), (4) und (5) haben das gleiche Ergebnis, denn alle verkleinern auf die gleiche Weise.

Dabei wird entweder mit dem Faktor $\frac{2}{7}$ multipliziert, durch den umgekehrten Bruch $\frac{7}{2}$ dividiert oder nacheinander „mal 2“ und „durch 7“.

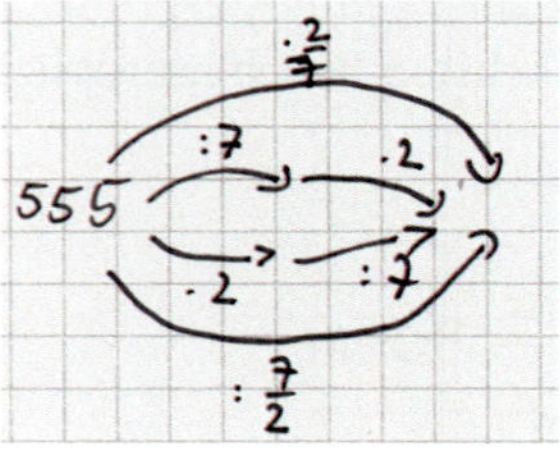

Bei Aufgabe (2) wird vergrößert:

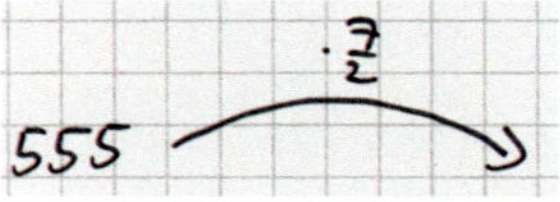

**b)** *verschiedene Lösungen sind möglich*

**Seite 187**

**27 Dividieren durch Brüche**

**a)** Der Satz (3) kann Pia helfen. Statt der Division kann Pia mit dem umgekehrten Bruch multiplizieren.
$\frac{5}{6} : \frac{2}{3} = \frac{5}{6} \cdot \frac{3}{2} = \frac{15}{12} = \frac{5}{4}$

**b), c)** (1) $\frac{5}{6} : \frac{2}{6} = \frac{5}{6} \cdot \frac{6}{2} = \frac{30}{12} = \frac{5}{2}$

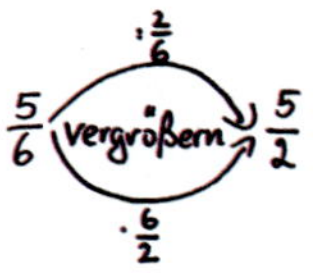


(2) $\frac{1}{6} : \frac{2}{3} = \frac{1}{6} \cdot \frac{3}{2} = \frac{3}{12} = \frac{1}{4}$

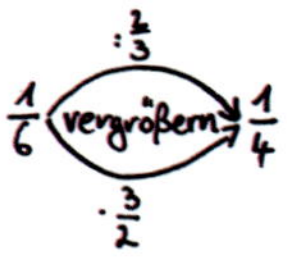


(3) $\frac{1}{6} : \frac{1}{3} = \frac{1}{6} \cdot \frac{3}{1} = \frac{3}{6} = \frac{1}{2}$

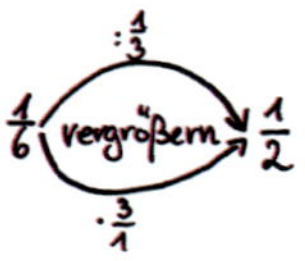


(4) $\frac{3}{8} : \frac{3}{8} = \frac{3}{8} \cdot \frac{8}{3} = \frac{24}{24} = 1$

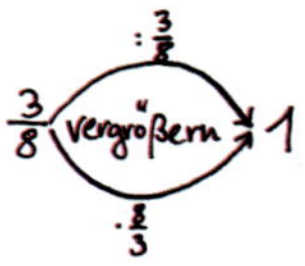


(5) $\frac{8}{5} : \frac{8}{5} = \frac{8}{5} \cdot \frac{5}{8} = \frac{40}{40} = 1$

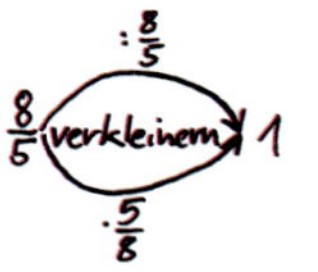


**d)** *verschiedene Lösungen sind möglich,* z. B.
Eine Zahl wird durch einen Bruch dividiert, indem man sie mit dem umgekehrten Bruch multipliziert. Ist beim Dividieren der Bruch größer als 1, so wird verkleinert. Ist er kleiner als 1, so wird vergrößert.

**28 Und wie zurück?**

**a)** (1)

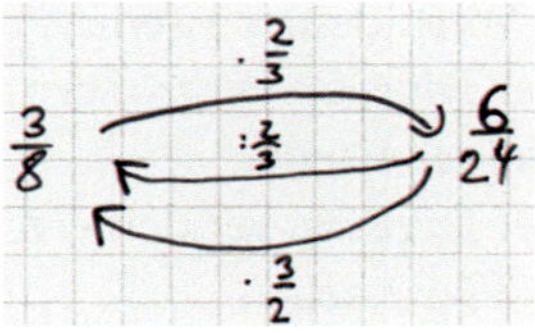

$\frac{6}{24} : \frac{2}{3} = \frac{3}{8}$ und $\frac{6}{24} \cdot \frac{3}{2} = \frac{3}{8}$

(2)

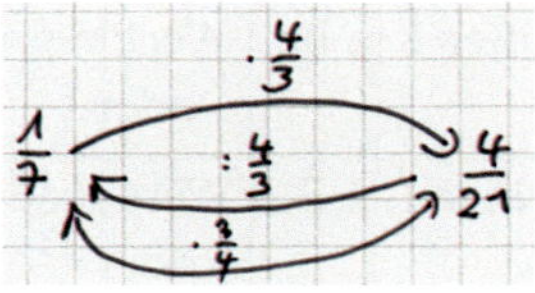

$\frac{4}{21} : \frac{4}{3} = \frac{1}{7}$ und $\frac{4}{21} \cdot \frac{3}{4} = \frac{1}{7}$

(3)

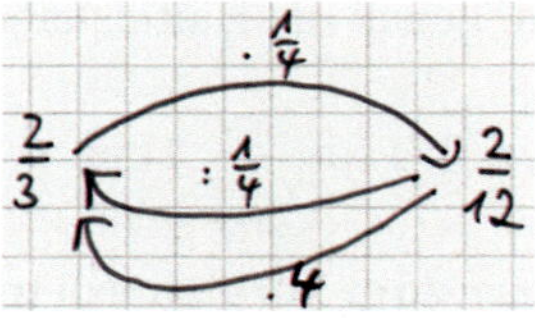

$\frac{2}{12} : \frac{1}{4} = \frac{2}{3}$ und $\frac{2}{12} \cdot \frac{4}{1} = \frac{2}{12} \cdot 4 = \frac{2}{3}$

**b)** *verschiedene Lösungen sind möglich*

**29 Ähnliche Aufgaben?**

**a)** (1) $\frac{10}{9} : \frac{2}{3} = \frac{10}{9} \cdot \frac{3}{2} = \frac{30}{18} = \frac{5}{3}$

$\frac{30}{9} : \frac{2}{3} = \frac{15}{3} = \frac{5}{1} = 5$

(Ausgangszahl ist 3-mal so groß wie bei erster Aufgabe, also muss Ergebnis auch 3-mal so groß sein)

$\frac{60}{9} : \frac{2}{3} = 10$
(Ausgangszahl ist 2-mal so groß wie bei zweiter Aufgabe, also muss Ergebnis auch 2-mal so groß sein)
$\frac{180}{9} : \frac{2}{3} = 30$
(Ausgangszahl ist 3-mal so groß wie bei dritter Aufgabe, also muss Ergebnis auch 3-mal so groß sein)

(2) $\frac{4}{5} : \frac{3}{4} = \frac{4}{5} \cdot \frac{4}{3} = \frac{16}{15}$
$\frac{4}{5} : \frac{6}{4} = \frac{8}{15}$
(Verkleinerungszahl ist 2-mal so groß wie bei erster Aufgabe, also muss Ergebnis halb so groß sein)
$\frac{4}{5} : \frac{3}{8} = \frac{32}{15}$
(Verkleinerungszahl ist halb so groß wie bei erster Aufgabe, also muss Ergebnis doppelt so groß sein)
$\frac{4}{5} : \frac{3}{16} = \frac{64}{15}$
(Verkleinerungszahl ist halb so groß wie bei dritter Aufgabe, also muss Ergebnis doppelt so groß sein)

(3) $\frac{4}{5} : \frac{7}{8} = \frac{4}{5} \cdot \frac{8}{7} = \frac{32}{35}$
$\frac{32}{35} : \frac{7}{8} = \frac{32}{35} \cdot \frac{8}{7} = \frac{256}{245}$ (kann man nicht ableiten)
$\frac{32}{35} : \frac{4}{5} = \frac{8}{7}$ (Umkehraufgabe zur ersten Aufgabe)
$\frac{7}{8} : \frac{4}{5} = \frac{7}{8} \cdot \frac{5}{4} = \frac{35}{32}$,
(die Reihenfolge der Brüche links vom Gleichheitszeichen ist im Vergleich zur ersten Aufgabe vertauscht, daher ist das Ergebnis der Kehrbruch von $\frac{32}{35}$)

b) *verschiedene Lösungen sind möglich*

c) Sverre hat nicht richtig gerechnet, denn $\frac{1}{4} : \frac{1}{8} = \frac{1}{4} \cdot \frac{8}{1} = \frac{8}{4} = 2$.
$\frac{1}{8}$ ist kleiner als 1, daher wird hier vergrößert und das Ergebnis muss größer als $\frac{1}{4}$ sein.

## Vertiefen 1 Muster in Bildern erkennen

Seite 200

**1 Muster in Bildern erkennen**

a) Ole hat erkannt, dass sich dieses Muster aus zweimal 4 Plättchen (rechts und links) und einem Plättchen in der Mitte zusammensetzt.

b) *verschiedene Lösungen sind möglich,* z. B.

(1) 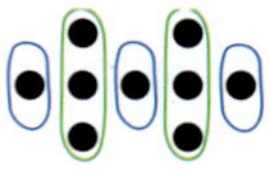 (2) 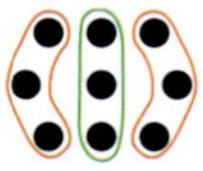

(3) 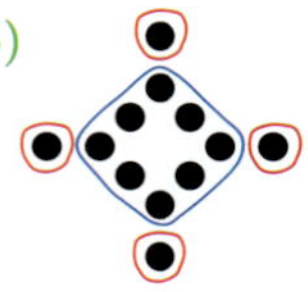 (4) 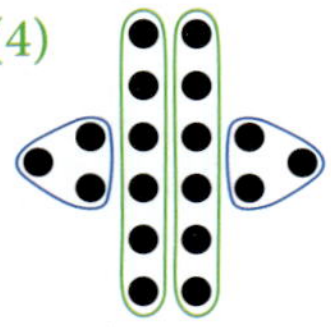

c) *verschiedene Lösungen sind möglich,* z. B.

(1)  (2) 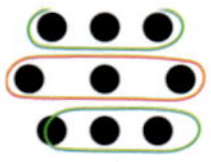

(3) 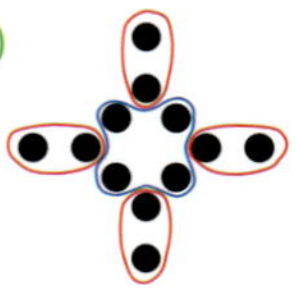 (4) 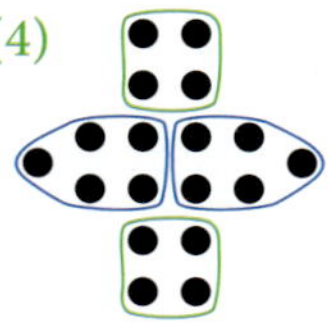

**2 Punkte zählen**

a) Ole hat zweimal vier Plättchen markiert. Da noch vier (unmarkierte) Plättchen übrig bleiben, rechnet er wohl $3 \cdot 4$ oder $4 + 4 + 4$.

b) *verschiedene Lösungen sind möglich,* z. B.

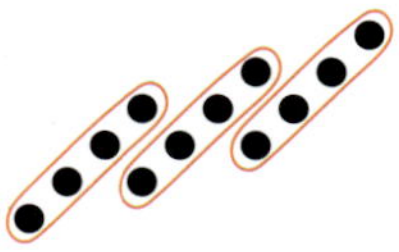

**3 Einfacher zählen**

*verschiedene Lösungen sind möglich,* z. B.

links:

(1) 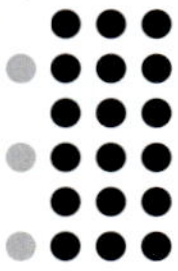 (2) 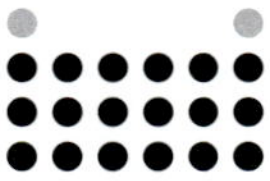

rechts:

(1) 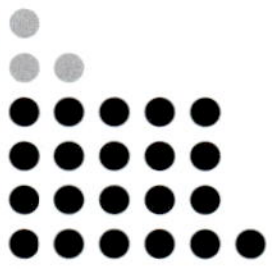 (2) 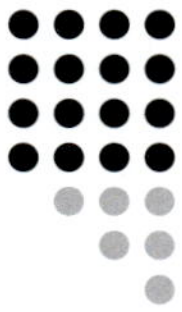

**4 Punktebilder zeichnen**

*verschiedene Lösungen sind möglich,* z. B.

links:

(1) 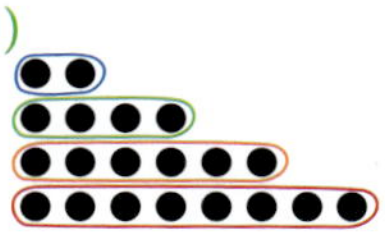 (2) 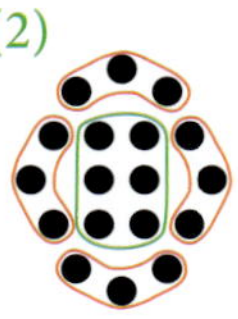 (3) 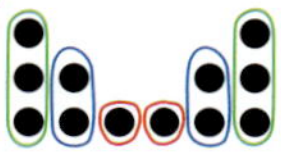

rechts:

(1) 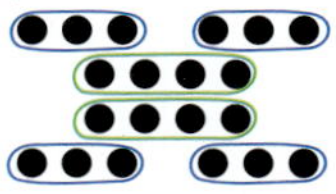 (2) 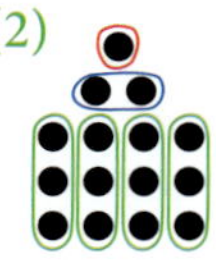 (3) 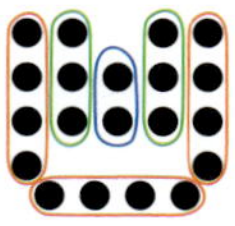

## Vertiefen 2 Geschickt weiterzählen

Seite 201

**5 Zahlen und Bilder**

(1) ④  ⑤ 

In jedem weiteren Bild wird eine Reihe nach unten ergänzt. Diese Reihe ist jeweils um 2 Punkte länger, sodass das Bild wie eine Pyramide aussieht.

Zahlenfolge: 1; 4; 9; 16; 25; …

(**1**; 1 + 3= **4**; 4 + 5 = **9**; 9 + 7 = **16**; 16 + 9 = **25**; …)

(2) ⑤ 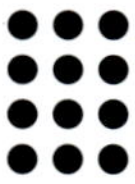 ⑥ 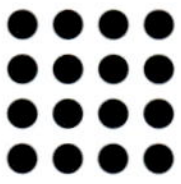

Es wird zuerst eine Spalte hinzugefügt und dann nach oben eine Zeile an Punkten ergänzt.

Zahlenfolge: 2; 4; 6; 9; 12; 16; …

(**2**; 2 + 2 = **4**; 4 + 2 = **6**; 6 + 3 = **9**; 9 + 3 = **12**; 12 + 4 = **16**;…)

**6 Bilder zu Zahlen**

*verschiedene Lösungen sind möglich,* z. B.

links:

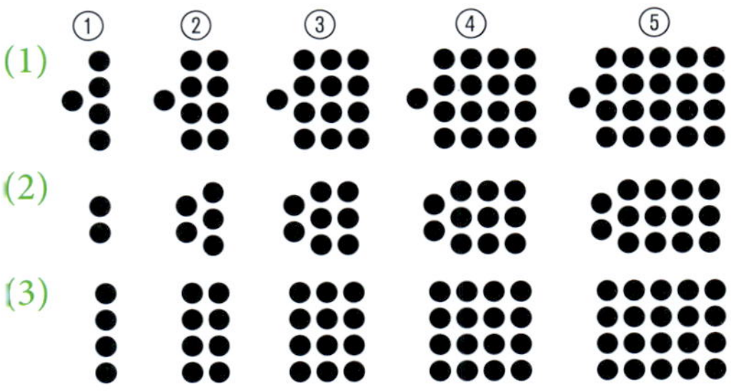

rechts:

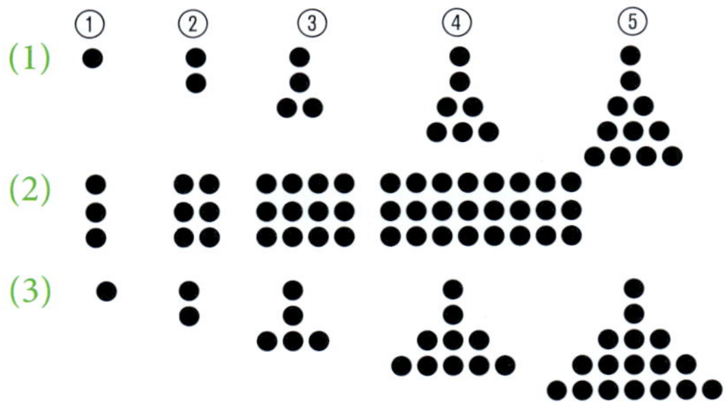

**7 Muster in Zahlenfolgen**

*verschiedene Lösungen sind möglich,* z. B.
2, 8, 14 oder 9, 18, 27 oder 2, 3, 5, 8.
*Tipp*: Achte auf die Abstände zwischen den Zahlen.

**8 Quartett-Muster-Spiel**

Die Aufgabe ist ein Spiel und hat deshalb keine Lösung.

## Vertiefen 3 Zahlenfolgen bestimmen

Seite 202

**9 Löcher stopfen**

links:

(1) 2, **6**, 10, 14, **18**, 22, …
Es wird immer 4 addiert.

(2) 70, 95, 120, **145**, 170, **195**, …
Es wird immer 25 addiert.

rechts:

(1) 4, 16, 12, 48, **44**, **176**
Es wird immer abwechselnd · 4 und – 4 gerechnet.

(2) **450**, **550**, **650**, 750, 850, 950
Es wird immer + 100 gerechnet.
Für das Lösen der Aufgabe muss man hier jedoch rückwärts rechnen (also – 100).

**10 Zahlenfolgenbäume**

a) links:

(1) (2) (3)

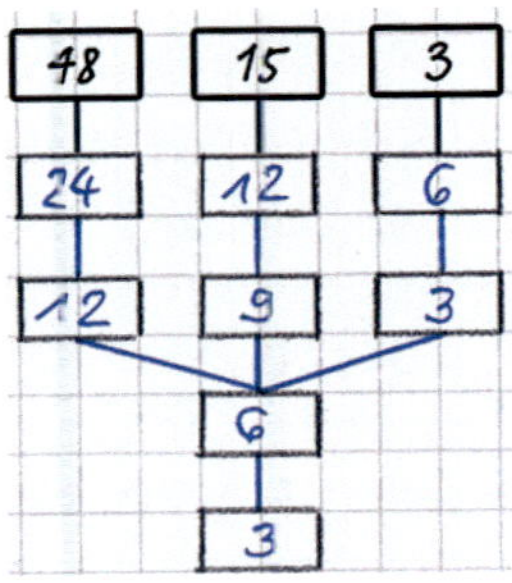


(1) Die Zahl wird immer verdoppelt.
(2) Es wird immer 3 addiert.
(3) 3 und 6 wechseln sich ab.

rechts:

(1) (2) (3) (4) (5) (6)

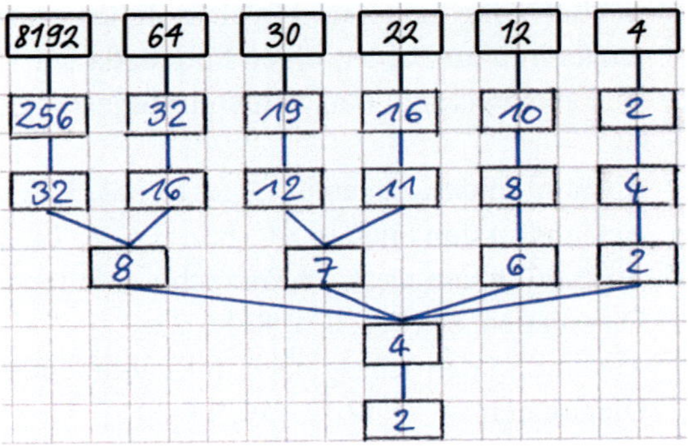


(1) Produkt zweier Nachbarzahlen ergibt die nächste Zahl.
(2) Die Zahlen werden immer verdoppelt.
(3) Es wird immer die nächste Primzahl addiert.
(4) Es wird immer die nächste natürliche Zahl addiert.
(5) Es wird immer 2 addiert.
(6) 2 und 4 wechseln sich ab.

b) *verschiedene Lösungen sind möglich*

**11 Regeln zum Fortsetzen von Zahlenfolgen**

links:

(1) 180, 200, 220, **240**, **260**, **280** …
immer +20

(2) 0, 1, 4, 9, 16, **25, 36, 49**, …
die natürlichen Zahlen mit sich selbst multipliziert (Quadratzahlen)

(3) 612, 615, 605, 608, 598, **601, 591, 594** …
+3 und −10 im Wechsel

(4) 2, 3, 5, 7, 11, 13, **17, 19, 23**,…
Primzahlen

**rechts:**

(1) 900, 800, 600, **500, 300, 200, 0** …
immer abwechselnd − 100 und −200
oder
900, 800, 600, **300 , −100**, …
Es wird immer 100 mehr abgezogen
oder
900, 800, 600, **200, −600**, …
Es wird immer das Doppelte abgezogen

(2) 0, 3, 7, 12, 18, 25, 33, 42, **52, 63, 75**, …
Der Abstand wird immer um eins größer.

(3) 1, 4, 10, 22, 46, **94, 190, 382**, …
Der Abstand wird immer verdoppelt.

(4) 41, 37, 31, 29, **25, 19, 17**,…
Die Zahlenfolge der Abstände (−4, −6, −2, …) kann unterschiedlich fortgesetzt werden, z. B. immer fortlaufend −4, −6, −2 im Wechsel.

**12 Folgen im Zahlenrechteck**

a) *verschiedene Lösungen sind möglich*
In allen Diagonalen und in allen Zeilen und Spalten kann man Zahlenfolgen finden, da der Abstand zwischen den Zahlen immer der gleiche ist.
Abstand in den Zeilen ist +1, z. B. 1, 2, 3, 4…
Abstand in den Spalten ist +6, z. B. 2, 8, 14, 20…
Abstand in den nach schräg rechts abfallenden Diagonalen ist +7, z. B. 1, 8, 15, 22…
Abstand in den schräg nach links abfallenden Diagonalen ist +5, z. B. 5, 10, 15, 20 …

b) *verschiedene Lösungen sind möglich*

**Seite 203**

**13 Fibonacci-Folge**

a) 1, 1, 2, 3, 5, 8, **13, 21, 34, 55, 89, 144, 233, 377**, …
5 + 8 = 13, 8 + 13 = 21, 13 + 21 = 34,
21 + 34 = 55, 34 + 55 = 89, 55 + 89 = 144,
89 + 144 = 233 144 + 233 = 377

b) *verschiedene Lösungen sind möglich*, z. B.
4, 5, 9, 14, 23, 37, 60, 97, 157,…

c) *verschiedene Lösungen sind möglich*, z. B.
0, 4, 4, 8, 12, 20 oder 5, 1, 6, 7, 13, 20
Die Zahl, die nach dem vierten Schritt herauskommt und damit an der 6. Stelle steht, ergibt sich aus:
*3-mal die erste plus 5-mal die zweite Startzahl.*
Zahlen, die sich nicht in dieser Weise „zerlegen" lassen, können demnach nicht in vier Schritten erzeugt werden. Außer den Zahlen 1, 2, 4 und 7 lassen sich alle Zahlen, also auch alle zweistelligen Zahlen, in vier Schritten erzeugen.

**14 Folgen würfeln**

a) Die Aufgabe ist ein Spiel und hat deshalb keine Lösung.

b) *verschiedene Lösungen sind möglich*

c) Ja, man kann schon vorher erkennen wer gewinnt. Die Zielzahl kann nur genau erreicht werden, wenn die Differenz von Zielzahl und einer Startzahl durch die Änderung ohne Rest teilbar ist. Man zieht daher die Startzahl ab und prüft wie viel Rest bei der Division durch den Summanden bleibt.

**15 Kästchen zählen**

a) (1) (2) (3)

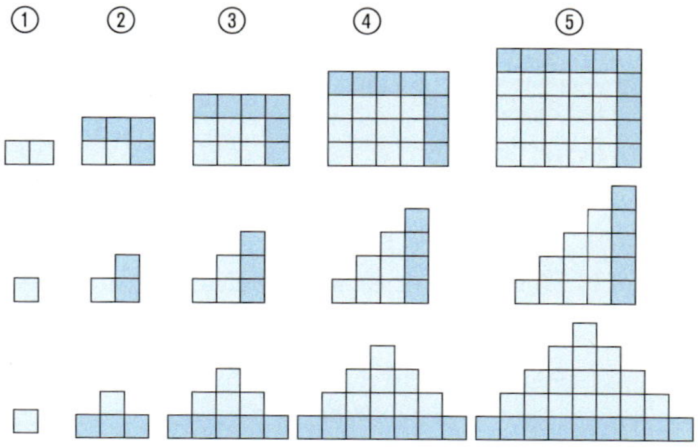


b)

| Bild | 1 | 2 | 3 | 4 | 5 | 10 | 16 |
|---|---|---|---|---|---|---|---|
| Anzahl Kästchen (1) | 2 | 6 | 12 | 20 | 30 | 110 | 272 |
| Anzahl Kästchen (2) | 1 | 3 | 6 | 10 | 15 | 55 | 136 |
| Anzahl Kästchen (3) | 1 | 4 | 9 | 16 | 25 | 100 | 256 |

c) *verschiedene Lösungen sind möglich*, z. B.

| Bild | 1 | 2 | 3 | 4 | 5 | 10 | 16 |
|---|---|---|---|---|---|---|---|
| Anzahl Zeilen (1) (2) (3) | 1 | 2 | 3 | 4 | 5 | 10 | 16 |
| Anzahl Spalten (1) | 2 | 3 | 4 | 5 | 6 | 11 | 17 |
| Anzahl Spalten (2) | 1 | 2 | 3 | 4 | 5 | 10 | 16 |
| Anzahl Spalten (3) | 1 | 3 | 5 | 7 | 9 | 19 | 31 |
| Umfang in Kästchen (1) | 6 | 10 | 14 | 18 | 22 | 42 | 66 |

| | | | | | | | |
|---|---|---|---|---|---|---|---|
| Umfang in Kästchen (2) | 4 | 8 | 12 | 16 | 20 | 40 | 64 |
| Umfang in Kästchen (3) | 4 | 10 | 16 | 22 | 28 | 58 | 94 |

Seite 204

**16 Was passt zum Term?**

a) Ole hat Recht. Setzt man nacheinander für x die Werte 1, 2 und 3 ein in den Term ein, ergeben sich
$4 \cdot 1 + 2 = 4 + 2 = 6$
$4 \cdot 2 + 2 = 8 + 2 = 10$
$4 \cdot 3 + 2 = 12 + 2 = 14$.
Aber in der linken Bilderfolge sind andere Plättchenzahlen (6, 12, 18) abgebildet. Bei der linken Bilderfolge werden sechs Punkte vervielfacht (also $6 \cdot x$).
Die rechte Regel passt, weil ich erst mit 4 malnehme und dann 2 addiere.

b) Die rechte Bilderfolge passt, denn bei jedem Schritt kommt eine Viererzeile dazu (mal vier) und es sind zwei Punkte daneben (plus zwei).
Der lila Kasten ist falsch, denn das hieße $4 \cdot 2 \cdot x$.
Die blaue Tabelle ist richtig, denn
$4 \cdot 1 + 2 = 4 + 2 = 6$,
$4 \cdot 2 + 2 = 8 + 2 = 10$,
$4 \cdot 3 + 2 = 12 + 2 = 14$.
Die orange Tabelle ist falsch, denn $4 \cdot 1 + 2 \neq 8$ und es sind immer 8 Punkte mehr. Sie würde zum lila Kasten passen ($4 \cdot 2 \cdot x = 8 \cdot x$)

c) *verschiedene Lösungen sind möglich*

**17 Zahlenfolgen am Telefon beschreiben**

a) Merve hat den Fehler gemacht, dass sie 4 als Startzahl verwendet hat und dann immer 3 addiert hat.
Sie hat Multiplizieren und Addieren vertauscht:
$3 \cdot 1 + 4 = 3 + 4 = 7$
$3 \cdot 2 + 4 = 6 + 4 = 10$
$3 \cdot 3 + 4 = 9 + 4 = 13$
Man berechnet die Folgenglieder so:
$4 \cdot 1 + 3 = 4 + 3 = 7$
$4 \cdot 2 + 3 = 8 + 3 = 11$
$4 \cdot 3 + 3 = 12 + 3 = 15$

b) *verschiedene Lösungen sind möglich*

c) zu a): Eine Zahl wird zuerst mit 4 malgenommen und dann immer 3 hinzuaddiert. Die Zahlenfolge lautet als Term $4 \cdot x + 3$.
zu b): *verschiedene Lösungen sind möglich*

## Vertiefen 4 Zahlenfolgen berechnen

Seite 205

**18 Muster in schönen Päckchen**

a) (1) Bei der ersten Zahl wird jeweils die nächste gerade Zahl hinzuaddiert:
$2 + 4 = \mathbf{6}$, $6 + 6 = \mathbf{12}$, $12 + 8 = \mathbf{20}$, $20 + 10 = \mathbf{30}$, $30 + 12 = \mathbf{42}$…
Die erste Zahl kann man auch als Multiplikation berechnen, dann erhöhen sich beide Faktoren jeweils um eins:
$1 \cdot 2 = \mathbf{2}$, $2 \cdot 3 = \mathbf{6}$, $3 \cdot 4 = \mathbf{12}$, $4 \cdot 5 = \mathbf{20}$…
Bei der zweiten Zahl steht die nächste Quadratzahl:
$1 \cdot 1 = \mathbf{1}$, $2 \cdot 2 = \mathbf{4}$, $3 \cdot 3 = \mathbf{9}$, $4 \cdot 4 = \mathbf{16}$, $5 \cdot 5 = \mathbf{25}$, $6 \cdot 6 = \mathbf{36}$ …
5. Rechnung: $30 - 25 = 5$
6. Rechnung: $42 - 36 = 6$

(2) Bei der ersten Zahl steht die nächste Quadratzahl ab 1: $1 \cdot 1 = \mathbf{1}$, $2 \cdot 2 = \mathbf{4}$, $3 \cdot 3 = \mathbf{9}$, $4 \cdot 4 = \mathbf{16}$, $5 \cdot 5 = \mathbf{25}$, $6 \cdot 6 = \mathbf{36}$ …
Bei der zweiten Zahl steht die nächste Quadratzahl ab 2: $2 \cdot 2 = \mathbf{4}$, $3 \cdot 3 = \mathbf{9}$, $4 \cdot 4 = \mathbf{16}$, $5 \cdot 5 = \mathbf{25}$, $6 \cdot 6 = \mathbf{36}$, $7 \cdot 7 = \mathbf{49}$, …
5. Rechnung: $25 + 36 = 61$
6. Rechnung: $36 + 49 = 85$

(3) Es wird jeweils die nächste ungerade Zahl hinzuaddiert.
5. Rechnung: $1 + 3 + 5 + 7 + 9 + 11 = 36$
6. Rechnung: $1 + 3 + 5 + 7 + 9 + 11 + 13 = 49$

b) Die Bilder am Rand passen zu Päckchen (1).
Bild zu (2)

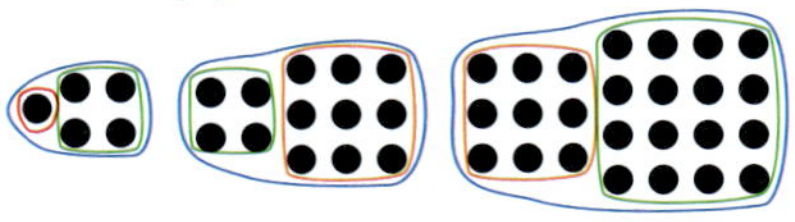

Bild zu (3)

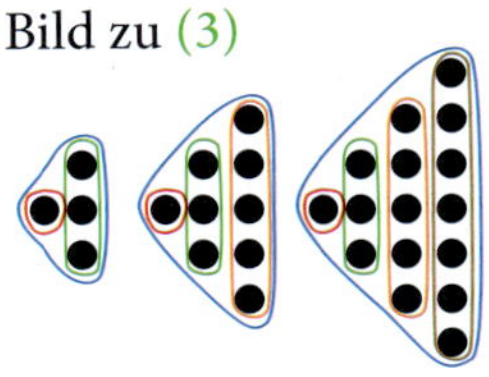

c) (1) Erste Zahl: $50 \cdot 51 = 2550$
Zweite Zahl: $50 \cdot 50 = 2500$
$2550 - 2500 = 50$

(2) Erste Zahl: $50 \cdot 50 = 2500$
Zweite Zahl: $51 \cdot 51 = 2601$
$2500 + 2601 = 5101$

(3) $1 + 3 + 5 + 7 + … + 97 + 99 + 101 = 2601$

**19 Muster in Bildern fortsetzen**

a) Im ersten Bild stehen zwei Hölzchen senkrecht. Hinzu kommen ein Verbindungshölzchen und zwei senkrechte Hölzchen. Mit jedem Bild kommen ein Verbindungshölzchen und zwei senkrechte Hölzchen, also 3 Hölzchen hinzu.
Das ergibt folgende Hölzchenzahlen:
5, 8, 11, 14, 17, 20, 23, 26, 29, 32, …

b) Startzahl 1 und jeweils 3 Streichhölzer mehr in jedem Bild, also 1. Bild: $1 + 3 \cdot 1$, 2. Bild: $1 + 3 \cdot 2$ usw.
3. Bild: $1 + 3 \cdot 3 = 1 + 9 = 10$

③

50. Bild: $1 + 3 \cdot 50 = 1 + 150 = 151$

c) **links:**
Zunächst ziehe ich von der Anzahl der Streichhölzer (23, 45) die Startzahl ab und dividiere dann durch 3. Ist die Division ohne Rest möglich, so gibt es ein Bild mit dieser Streichholzanzahl.
Term für Zahlenfolge a): $2 + 3 \cdot x$
$23 - 2 = 21$, $21 : 3 = 7$
Im 7. Bild werden 23 Hölzer benötigt.
$45 - 2 = 43$, $43 : 3$ nicht möglich ohne Rest
Es gibt kein Bild mit 45 Streichhölzern.
Term für Zahlenfolge b): $1 + 3 \cdot x$
$23 - 1 = 22$, $22 : 3$ nicht möglich ohne Rest
Es gibt kein Bild mit 23 Streichhölzern.
$45 - 1 = 44$, $44 : 3$ nicht möglich ohne Rest
Es gibt kein Bild mit 45 Streichhölzern.

**rechts:**
*verschiedene Lösungen sind möglich,* z. B.
Startzahl 1
Term für neue Zahlenfolge: $1 + 7 \cdot x$
$86 - 1 = 85$, $85 : 7$ nicht möglich ohne Rest
$121 - 1 = 120$, $120 : 7$ nicht möglich ohne Rest
Es gibt kein Bild mit 86 und 121 Streichhölzern.

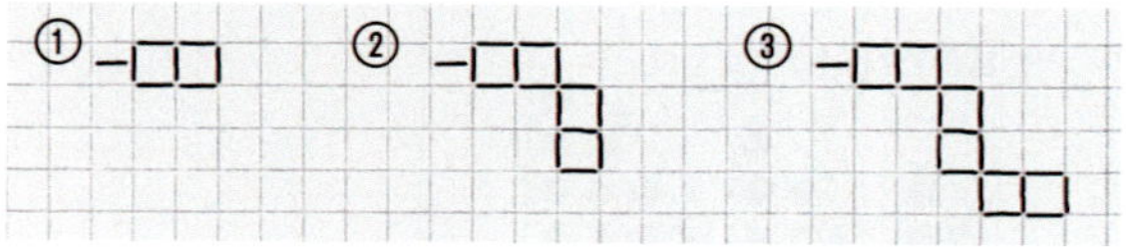


**20 Bauwerke aus kleinen Würfeln**

a) 1. Bild: Es ist 1 Würfel.
2. Bild: $2 \cdot 2 \cdot 2 = 8$, es sind 8 Würfel.
3. Bild: $3 \cdot 3 \cdot 3 = 27$, es sind 27 Würfel.
50. Bild: $50 \cdot 50 \cdot 50 = 125\,000$,
es sind 125 000 Würfel.

b) *verschiedene Lösungen sind möglich,* z. B.
Der Term lautet: $x \cdot x \cdot x$ oder $x^3$

c) Pyramide mit 2 Stufen: $3 \cdot 3 + 1 \cdot 1$
Pyramide mit 3 Stufen: $5 \cdot 5 + 3 \cdot 3 + 1 \cdot 1$
Pyramide mit 4 Stufen: $7 \cdot 7 + 5 \cdot 5 + 3 \cdot 3 + 1 \cdot 1$
Pyramide mit $x$ Stufen: Summe der ersten $x$ ungeraden Quadratzahlen

**Seite 206**

**21 Die gleiche Folge, aber nicht der gleiche Term?**

a) *verschiedene Lösungen sind möglich,* z. B.
z.B. ⑤

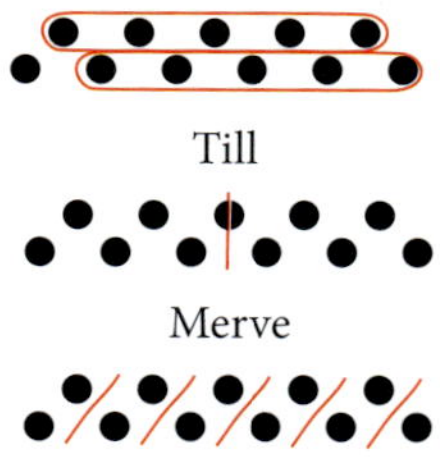


b) $x \cdot 2 + 1$ passt zu Merves Erklärung, da sie das Bild in 2er-Bündeln aufteilt und ein Punkt noch dazu kommt.
$x + x + 1$ passt zu Oles Erklärung, da er gleich viele Punkte pro Reihe (oben und unten) markiert und noch ein Punkt dazu kommt.
$2 \cdot x + 1$ passt zu Tills Erklärung, da er das Bild in zwei Hälften unterteilt und die gleiche Anzahl Punkte links und rechts liegt, dazu kommt ein Punkt auf der Symmetrieachse.
Das $x$ steht für den entsprechenden Schritt oder die Stelle in der Zahlenfolge. Um beispielsweise die Punkteanzahl auszurechen, die beim 34. Schritt benötigt wird, muss man für das „$x$“ die Zahl „34“ einsetzen.

c) Alle Terme bedeuten das Gleiche, denn
$x + x = 2 \cdot x = x \cdot 2$

| | |
|---|---|
| 3. Stelle : | Merve: $3 \cdot 2 + 1 = 6 + 1 = 7$ |
| | Ole: $3 + 3 + 1 = 7$ |
| | Till: $2 \cdot 3 + 1 = 7$ |
| 8. Stelle: | Merve $8 \cdot 2 + 1 = 16 + 1 = 17$ |
| | Ole $8 + 8 + 1 = 17$ |
| | Till $2 \cdot 8 + 1 = 16 + 1 = 17$ |
| 10. Stelle: | Merve $10 \cdot 2 + 1 = 20 + 1 = 21$ |
| | Ole $10 + 10 + 1 = 21$ |
| | Till $2 \cdot 10 + 1 = 20 + 1 = 21$ |
| 25. Stelle: | Merve $25 \cdot 2 + 1 = 50 + 1 = 51$ |
| | Ole $25 + 25 + 1 = 51$ |
| | Till $2 \cdot 25 + 1 = 50 + 1 = 51$ |

d) Tills Idee: Man hat in der ersten Reihe 50 Punkte und in der zweiten Reihe 51 Punkte. Teilt man das Bild mithilfe der Symmetrieachse vertikal, so hat man auf jeder Seite 50 Punkte und ein Punkt liegt auf der Symmetrieachse.

Rechnung: $1 + 50 + 50 = 101$
An der 50. Stelle sind es 101 Punkte.

e) z. B.

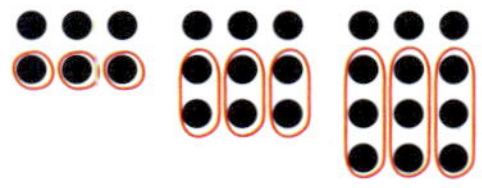

Zu den 3 Plättchen (oben), die immer da sind, kommen 3 Päckchen mit jeweils $x$ Punkten hinzu.

f) *verschiedene Lösungen sind möglich,* z. B.
Zu den 3 Plättchen (oben), die immer da sind, kommen $x$-mal 3 Punkte hinzu.
Der Term lautet: $3 + x \cdot 3$
Beide Terme bedeuten das Gleiche. Es spielt keine Rolle, ob man 3 Päckchen mit $x$ Punkten oder $x$ Päckchen mit 3 Punkten nimmt.

**22 Bilderfolgen fortsetzen**

a) (1) 4, 8, 12, 16 …
Term für diese Zahlenfolge: $4 \cdot x$
Punkteanzahl im 68. Bild: $4 \cdot 68 = 272$
(2) 5, 8, 11, 14 …
Term für diese Zahlenfolge: $2 + 3 \cdot x$
Punkteanzahl im 68. Bild: $2 + 3 \cdot 68 = 206$

b) Für das Prüfen, ob es ein Bild mit 100 Punkten gibt, muss ein Wert für $x$ berechnet werden, so dass der Term den Wert 100 annimmt.
(1) $100 : 4 = 25$, teilbar
Das 25. Bild hat 100 Punkte.
(2) $100 - 2 = 98$, $98 : 3$ nicht ohne Rest teilbar
Es gibt kein Bild mit 100 Punkten.

**Seite 207**

**23 Mauerfolgen bauen**

a) Die Startzahl ist 7, da 7 Würfel im ersten Bild zu sehen sind. In jedem weiteren Schritt wird ein „L" mit 4 Würfeln angebaut.
1. Bild: 7
2. Bild: $7 + 4$
3. Bild: $7 + 4 \cdot 2$
4. Bild: $7 + 4 \cdot 3$
Die Würfelzahl wird durch den Term $7 + 4 \cdot x$ beschrieben.

b) *verschiedene Lösungen sind möglich, z. B.*
An ein „U", das aus 7 Würfel besteht, werden in jedem weiteren Bild nebeneinander zwei Würfel unten links angebaut und auf den äußeren Würfel zwei weitere Würfel gelegt. Dabei liegen alle Würfel in einer Ebene.
Term: $7 + 2 \cdot x + 2 \cdot x$

c) *verschiedene Lösungen sind möglich*

**24 Große Mauern**

a) Zahlenfolge 7, 10, 13…
$7, 7 + 3 = 10, 10 + 3 = 13$
Term: $4 + 3 \cdot x$
88. Bild: $4 + 3 \cdot 88 = 4 + 264 = 268$

b) Für das Prüfen, ob es ein Bild mit 2009 Kästchen gibt, muss ein Wert für $x$ berechnet werden, so dass der Term 2009 annimmt.
$2009 - 4 = 2005$, $2005 : 3$ ist nicht ohne Rest teilbar.
Es gibt keine Mauer mit 2009 Kästchen.

**25 Rasengittersteine legen**

a) Anzahl Quadrate
Bild 1: 8
Bild 2: $8 \cdot 2 + 1$

Bild 3: $8 \cdot 3 + 2$
Bild 15: Da 15 Steine in eine Reihe gelegt werden, entstehen 14 Verbindungen.
$8 \cdot 15 + 14 = 120 + 14 = 134$

b) Man kann mit dem Term $8 \cdot x$ nicht die Anzahl der Quadrate berechnen, da durch das Zusammenlegen von zwei Rasengittersteinen ein zusätzliches Quadrat entsteht. Dies entsteht, da an den kürzeren Seiten jedes Rasengittersteins ein halbes Quadrat liegt.
Der allgemeine Term muss lauten: $8 \cdot x + (x - 1)$

**26 Zahlenfolgen und Terme vergleichen**

a) (1) gehört zu (D), denn der Abstand zwischen den Zahlen ist 2 ($2x$) und die Folge beginnt mit 10,
1. Stelle: $2 \cdot 1 + 8 = 2 + 8 = 10$
(2) gehört zu (A), denn zu jeder Zahl kommen 10 ($10x$) hinzu,
1. Stelle: $10 \cdot 1 = 10$
(3) gehört zu (B), denn die erste Stelle ist 0, dies kann man nur mit (B) erreichen,
1. Stelle: $2 \cdot 1 - 2 = 2 - 2 = 0$
(4) gehört zu (C), denn der Abstand zwischen den Zahlen ist 1 ($x$) und die Folge beginnt mit 8,
1. Stelle: $1 + 7 = 8$

b)

| | |
|---|---|
| (A) $10 \cdot x$ | $10 \cdot 20 = 200$ |
| (B) $2 \cdot x - 2$ | $2 \cdot 20 - 2 = 40 - 2 = 38$ |
| (C) $x + 7$ | $20 + 7 = 27$ |
| (D) $2 \cdot x + 8$ | $2 \cdot 20 + 8 = 40 + 8 = 48$ |

## Vertiefen 1 Einfache Diagramme lesen

**Seite 222**

**1 Wahlen auswerten**

a)

| Namen | Stimmen |
|---|---|
| Irina | 9 |
| Peter | **2** |
| Johannes | **2** |
| Jana | 4 |
| Kerstin | **15** |

Es sind insgesamt 32 Stimmen.
Kerstins Stimmenanzahl:
32 – 9 – 2 – 2 – 4 = 15
Kerstin bekommt 15 Stimmen und hat die Wahl gewonnen.

b)

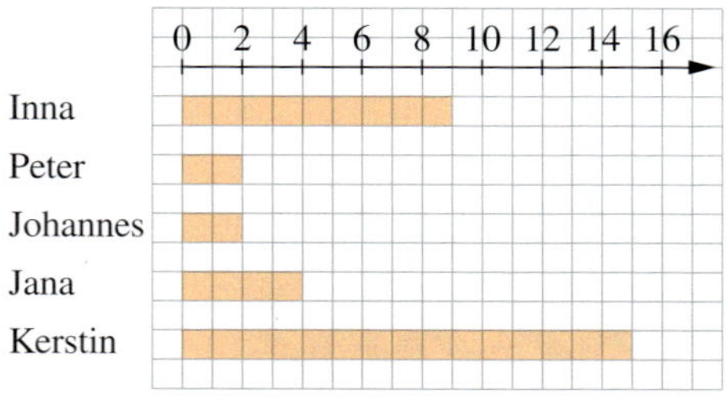


**2 Holzheizung untersuchen**

a) Ein Strich oder eine Querlinie auf der 2. Achse steht für 5000. Das erkennt man an der Höhe der Säule für 2006, die für 67 000 verkaufte Pelletheizungen steht.

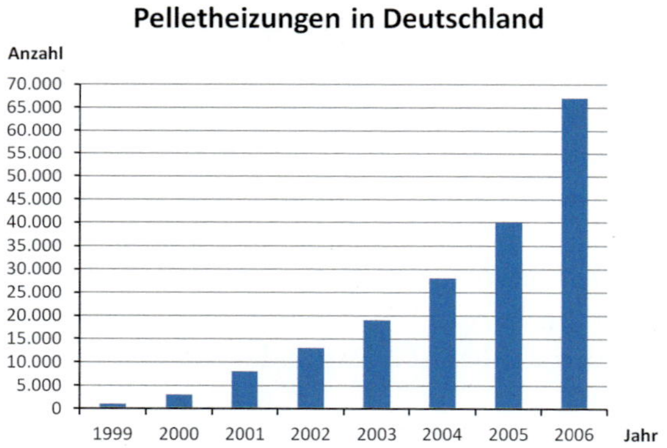


b) Man kann nicht sicher sagen, wie es weitergeht. Man kann nur vermuten, dass die Produktion von Pelletheizungen weiter ansteigt.

**3 Werte in Klimadiagrammen ablesen**

a) Die Temperatur im Januar und Februar wird in Melbourne etwa 20 bis 25 °C betragen.
Die Niederschlagsmenge wird in dieser Zeit etwa bei 40 mm liegen.

b) In Cairns ist es um einiges wärmer, dort kann man mit etwa 27 °C rechnen.
Es wird dort auch wesentlich mehr regnen. Die Säulen für Januar und Februar sind ungefähr 390 mm und 410 mm hoch.

c) In Diagrammen sind immer nur Mittelwerte dargestellt.
Man kann nicht genau sagen, dass das Wetter dort dann auch tatsächlich so ist. Aber mit hoher Wahrscheinlichkeit kann man diese Angaben erwarten.

## Vertiefen 2 Negative Zahlen ablesen und Unterschiede berechnen

**Seite 223**

**4 Zahlen an der Zahlengeraden ablesen**

a) (A) –7 (B) –34,5 (C) –0,5 (D) 3,5 (E) 9

b) Abstand zwischen A und B ist 3,5.
Abstand zwischen B und C ist 3.
Abstand zwischen C und D ist 4.
Abstand zwischen D und E ist 5,5.
Man kann die Abstände an der Zahlengeraden abzählen oder die Abstände berechnen.

c) Abstand zwischen A und D ist 10,5.
Abstand zwischen B und E ist 12,5.
Der Abstand zwischen B und E ist größer als zwischen A und D.

**5 Städtetemperaturen ablesen**

a)

| | | | |
|---|---|---|---|
| Berlin: | –1 °C | Rom: | 8 °C |
| Moskau: | –9 °C | Stockholm: | –4 °C |
| Lissabon: | 10 °C | | |

b) (1) Temperaturunterschied zwischen Rom und Moskau: 17 Grad
(2) Temperaturunterschied zwischen Berlin und Stockholm: 3 Grad
(3) Temperaturunterschied zwischen Stockholm und Lissabon: 14 Grad

c)

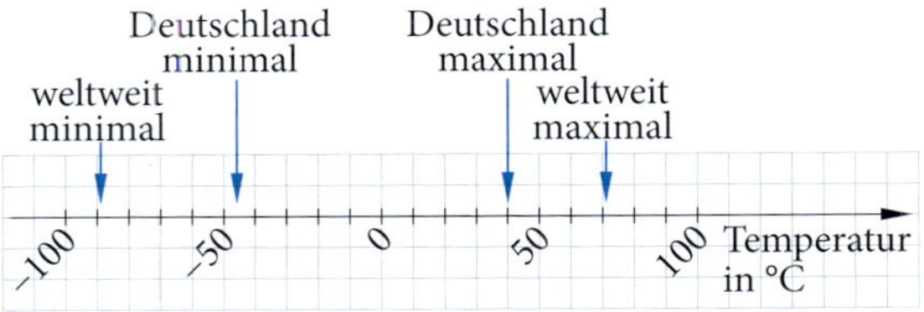


Deutschland: höchste Temperatur: 40 °C,
niedrigste Temperatur: –46 °C
Temperaturunterschied: 86 Grad

weltweit: höchste Temperatur: 71 °C
niedrigste Temperatur: –89 °C
Temperaturunterschied: 160 Grad

**6 Wetterkarte ablesen**

a)

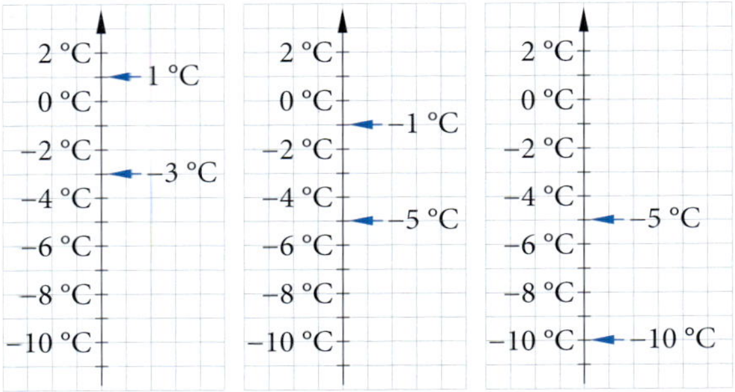


b) In Stuttgart / München ist der Temperaturunterschied am größten. Am Thermometer sieht man das an dem größten Abstand zwischen den beiden Werten.

**Seite 224**

**7 Extreme Unterschiede suchen**

(1) Der größte Unterschied ergibt sich, wenn man die kleinste Zahl mit der größten Zahl kombiniert.
Die kleinste Zahl: –13,2 °C
Die größte Zahl: 13,2 °C
Der größte Unterschied beträgt 26,4 Grad.

(2) Um den kleinsten Unterschied zu finden, sucht man die beiden Zahlen, die am nächsten beieinander liegen, hier sind es 11,4 und 13,2 oder auch –11,4 und –13,2.
Der Abstand beträgt jeweils 1,8.
Der kleinste Unterschied beträgt also 1,8 Grad.

(3) Bei (1) gibt es nur eine Lösung.
Bei (2) gibt es zwei Lösungen, weil der Abstand zwischen 11,4 und 13,2 sowie zwischen –11,4 und –13,2 gleich groß ist.

**8 Höhen und Tiefen von Orten**

a)

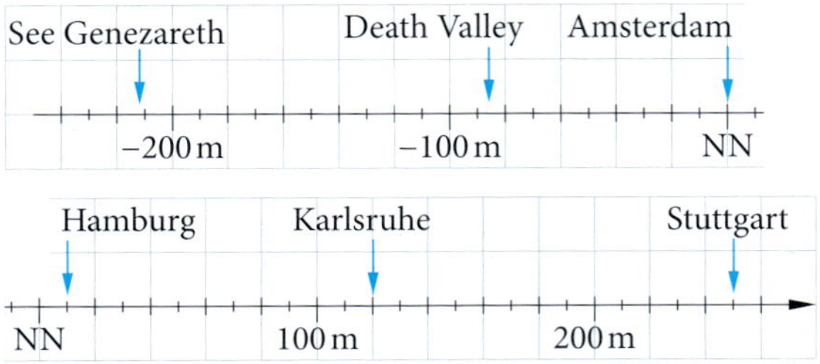


b) Zwischen den Orten See Genezareth mit 212 m unter NN und Stuttgart mit 245 m über NN gibt es den größten Höhenunterschied.

**9 Zahlen auf der Zahlengeraden eintragen**

**links:**

a)

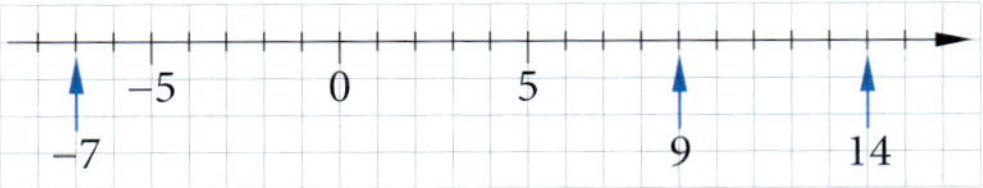


b)

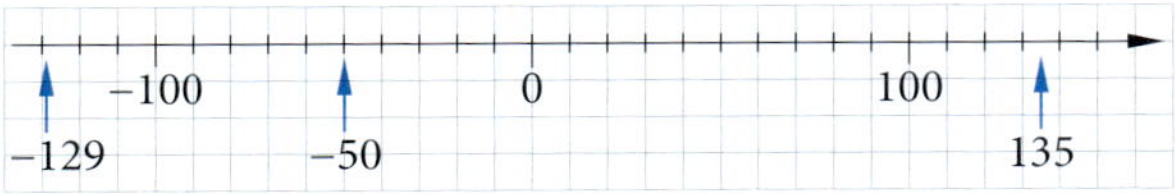


**rechts:**

*verschiedene Lösungen sind möglich*, z. B.

a)

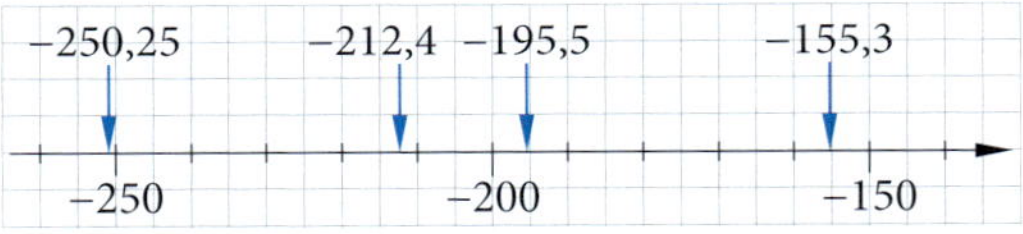


b)

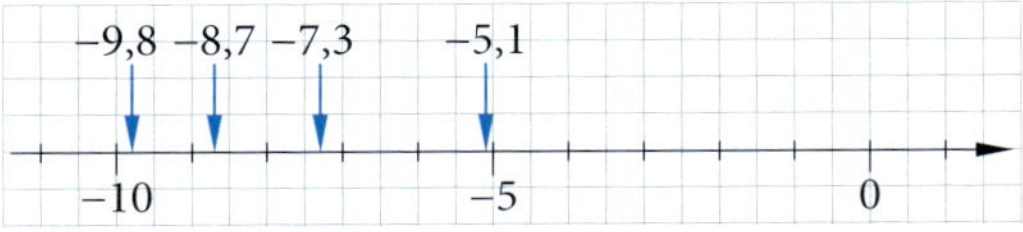


Hier müssen sowohl eine sinnvolle Einteilung als auch ein passender Ausschnitt am Zahlenstrahl gefunden werden.
Daher muss man zunächst schauen, wie weit die größte und kleinste Zahl voneinander entfernt liegen, die eingetragen werden sollen. Anschließend sucht man eine passende Einteilung zwischen diesen Zahlen.

## Vertiefen 3 Diagramme erklären und Diagramme zeichnen

**Seite 225**

**10 Energieverbrauch im Haushalt untersuchen**

a)

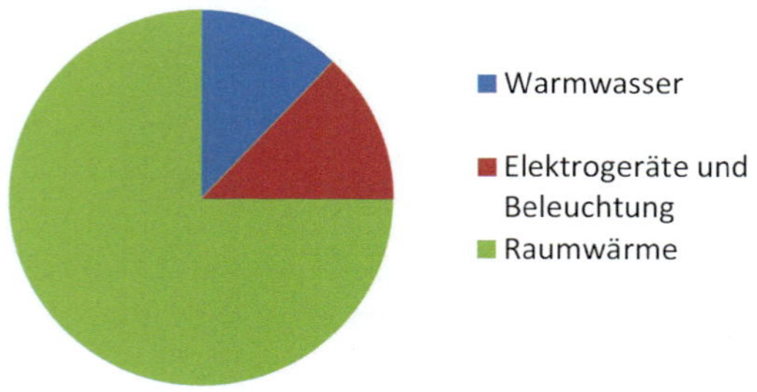


b) Da die Energiekosten für die Raumwärme den größten Anteil am Energieverbrauch im Haushalt ausmachen (75 %), ist es sinnvoll hier mit dem Energiesparen zu beginnen.
Zur weiteren Information: Die Europäische Union unterstützt das Energiesparen. Man will die Abgase bis 2020 um 20 % gegenüber den Werten von 1990 reduzieren.

c) Von den 30 % Energieverbrauch in Haushalten werden 12 % für Warmwasser verbraucht.
Rechnung: $\frac{30}{100} \cdot \frac{12}{100} = \frac{3}{10} \cdot \frac{3}{25} = \frac{9}{250}$
$\frac{9}{250} = 0{,}036 = 3{,}6\,\%$
Es werden 3,6 % des Energieverbrauchs in Deutschland für Warmwasser im Haushalt benötigt.

**11 Windenergie in Deutschland untersuchen**

a) 2007 gab es 19 200 Windenergieanlagen.
2001 gab es erstmals mehr als 10 000 Windenergieanlagen.
2002 wurden die meisten Windenergieanlagen gebaut, denn die Anzahl der Anlagen stieg von 2001 bis 2002 am meisten.

b)

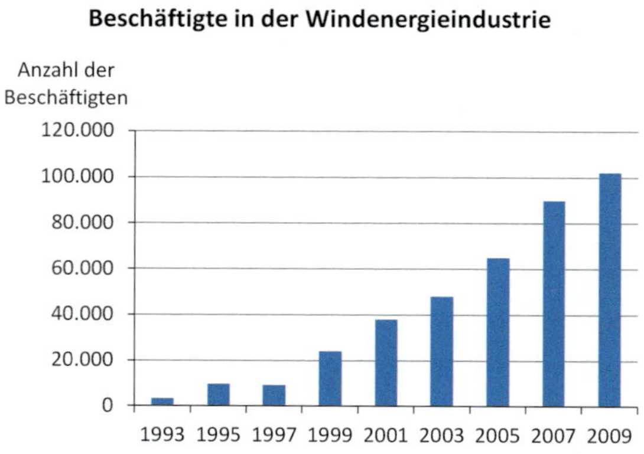


c) Genau verdoppelt hat sich die Anzahl der Beschäftigten von 1999 bis 2003, nämlich von 24 000 auf 48 000)
1993 bis 1995 hat sich die Anzahl der Beschäftigten in der Windindustrie fast verdreifacht, sie stieg von 3300 auf 9600.
Auch von 1997 bis 1999 hat sich die Anzahl der Beschäftigten mehr als verdoppelt, sie stieg von 9200 auf 24 000).
Dies erkennt man an der Höhe der Säulen. Wenn sich die Höhe der Säule verdoppelt, so verdoppelt sich auch die Anzahl der Beschäftigten.

**Seite 226**

**12 Umfrageergebnisse darstellen**

a) Säulendiagramm

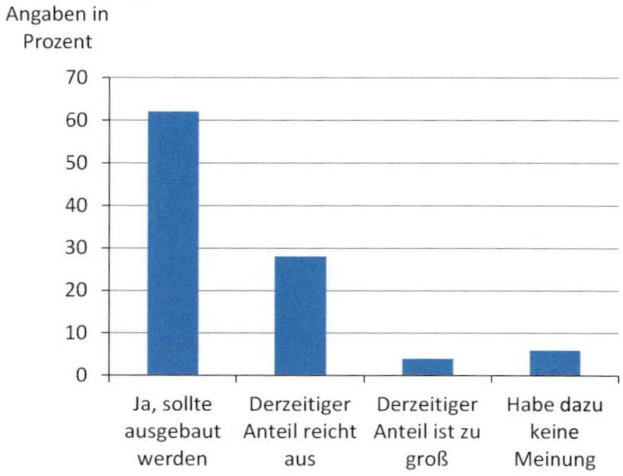


Liniendiagramm

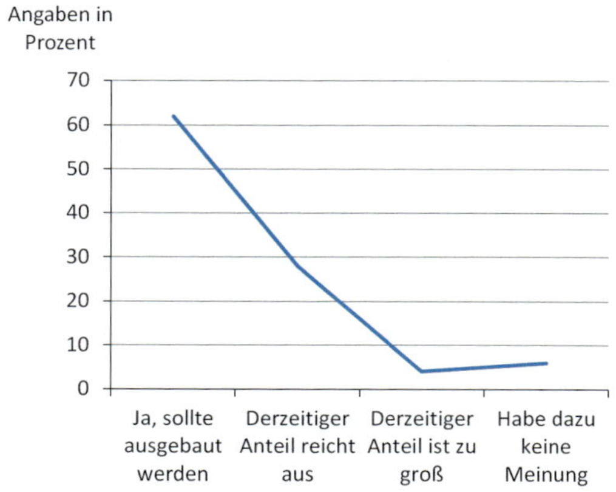


b) Kreisdiagramm

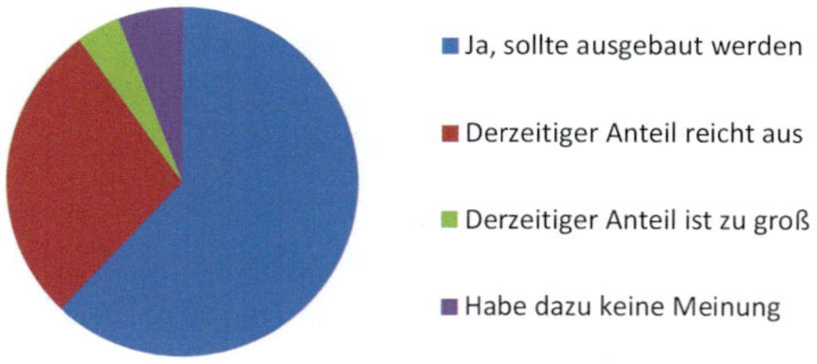


c) *verschiedene Lösungen sind möglich,* z. B.
Man kann bei allen Diagrammen gut erkennen, welche Antwort am häufigsten gewählt wurde.
An der großen Figur bei Diagramm (2) ist es am schnellsten zu erkennen.
Die genauen Werte lassen sich am besten aus der Tabelle oder beim Säulendiagramm ablesen.

Einen ungefähren Eindruck vom Ergebnis kann man gut beim Säulendiagramm, beim Kreisdiagramm und bei Diagramm (1) und (2) erhalten. Beim Säulendiagramm kann man sehr schnell einen guten Überblick erhalten, weil man sofort sieht, wie oft im Vergleich jede Antwort gewählt wurde.
Die Darstellung (2) ist am ungenausten, weil man dort keinen Anteil in Prozent ablesen kann und nicht klar ist, ob die Höhe der Figur oder der Flächeninhalt den prozentuellen Anteil darstellen soll.
Das Liniendiagramm ist wenig sinnvoll, weil man hier keine Entwicklung über einen bestimmten Zeitraum darstellen will, sondern Einzelwerte miteinander vergleichen will.

d) Das Säulendiagramm ist am besten geeignet, die Umfrageergebnisse sinnvoll darzustellen. Es gibt rasch einen Überblick und genauere Werte lassen sich gut ablesen.

**Seite 227**

**13 Trinkwassermangel untersuchen**

a) Man muss die Gesamtlänge des jeweiligen Streifens (die Gesamtbevölkerung der Jahre 1990 und 2008) beachten, denn auf sie beziehen sich die 42 % bzw. 52 %.
Die Gesamtbevölkerung im südlichen Afrika war 1990 geringer als 2008. Daher kommt es dazu, dass 52 % der Gesamtbevölkerung von 1990 weniger Menschen sind als 42 % der Gesamtbevölkerung von 2008.

b) Die Daten in a) stammen aus Afrika südlich der Sahara. Auch wenn von 1990 bis 2008 sich der Anteil der Menschen, die keinen Zugang zu sauberem Trinkwasser haben, verkleinert hat (von 52 % auf 42 %), ist die absolute Anzahl der Menschen, die kein sauberes Trinkwasser haben, größer geworden (von 248,2 Millionen auf 339,8 Millionen), da die Gesamtbevölkerung stark angestiegen ist.

**14 Zinsen vergleichen**

*verschiedene Lösungen sind möglich,* z. B.
Auch wenn in allen drei Diagrammen die gleichen Daten dargestellt werden, wirken die drei Diagramme sehr unterschiedlich:
(1) wirkt, als vermehre sich das Geld sehr schnell
(2) wirkt, als vermehre sich das Geld eher langsam
(3) wirkt, als vermehre sich Geld fast gar nicht
Der Grund für die unterschiedliche Wirkung liegt an den Zahlen und der Einteilung der 2. Achse:
Bei den Diagrammen (1) und (2) beginnt die 2. Achse nicht bei null. Der untere Teil des Säulendiagramms wurde abgeschnitten, damit wirkt das Diagramm so, als wenn sich das Geld schneller vermehrt.

**15 Die Weltreise – ein Rechenspiel**

Die Aufgabe ist ein Spiel und hat deshalb keine Lösung.

## Vertiefen 1 In Tabellen hoch- und runterrechnen

Seite 240

**1 Übersicht durch Tabellen**

a) ①

| Anzahl der Tage | Preis in Euro |
|---|---|
| 1 | 5,10 |
| 2 | 10,20 |
| 3 | 15,30 |
| 4 | **20,40** |
| 5 | **25,50** |
| 6 | 30,60 |
| 7 | **35,70** |
| 8 | **40,80** |
| 9 | **45,90** |
| 10 | **51** |

②

| Anzahl der Tage | Preis in Euro |
|---|---|
| 1 | **4,50** |
| 2 | 9 |
| 3 | **13,50** |
| 4 | 18 |
| 5 | **22,50** |
| 6 | 27 |
| 7 | **31,50** |
| 8 | 36 |
| 9 | **40,50** |
| 10 | 45 |

③

| Anzahl der Tage | Preis in Euro |
|---|---|
| 1 | **4,20** |
| 2 | **8,40** |
| 3 | 12,60 |
| 4 | **16,80** |
| 5 | **21** |
| 6 | 25,20 |
| 7 | **29,40** |
| 8 | **33,60** |
| 9 | 37,80 |
| 10 | **42** |

b) *verschiedene Lösungen sind möglich*

**2 Fotos bestellen**

Die Tabellen lassen sich auf die Anzahl 75 erweitern.

a) **Angebot 1**

| Anzahl | Preis in Euro |
|---|---|
| 20 | 5,00 |
| 2 | **0,50** |
| 5 | **1,25** |
| 10 | **2,50** |
| 75 | **18,75** |

**Angebot 2**

| Anzahl | Preis in Euro |
|---|---|
| 50 | 14,50 |
| 2 | **0,58** |
| 5 | **1,45** |
| 10 | **2,90** |
| 75 | **21,75** |

**Angebot 3**

| Anzahl | Preis in Euro |
|---|---|
| 25 | 6,00 |
| 2 | **0,48** |
| 5 | **1,20** |
| 10 | **2,40** |
| 75 | **18,00** |

b) Angebot 3 ist das günstigste. Das sieht man schon, wenn man in den Tabellen bei 10 Bildern nachschaut. Gegenüber dem teuersten Angebot spart sie bei 75 Fotos 3,75 €.

c) Bei Angebot 1 bekommt man für 100 € 400 Bilder.
Bei Angebot 2 bekommt man für 100 € 344 Bilder und 0,24 € zurück.
Bei Angebot 3 bekommt man für 100 € 416 Bilder und 0,16 € zurück.

Seite 241

**3 Rechnen in Tabellen – einfach und schwierig**

a) **links:**

(1)

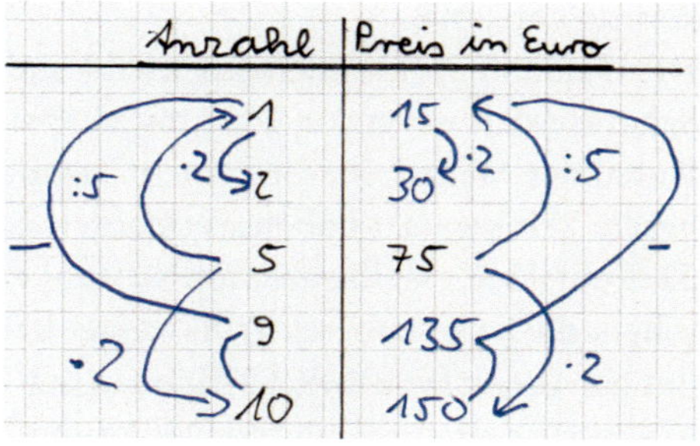


(2)

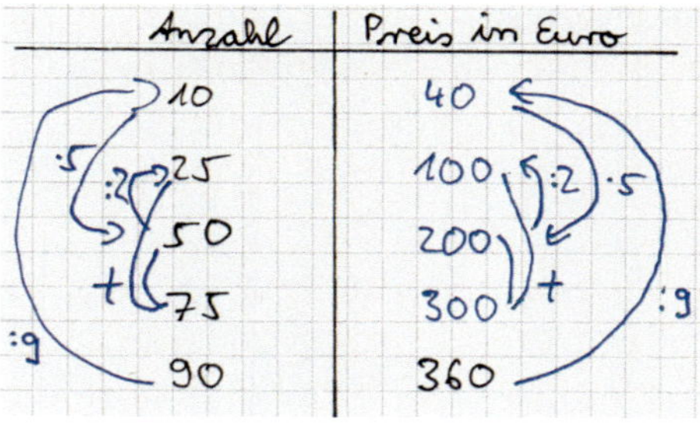


Bei beiden Aufgaben bietet sich auch der Rechenweg „Rechnen mit einem festen Faktor“ an. Bei (1) kann man immer „mal 15“ und bei (2) „mal 4“ rechnen.

**rechts:**

(1)

| | Anzahl | Preis in Euro | |
|---|---|---|---|
| | 2 | 5 | |
| ·2 | 4 | 10 | ·2 |
| ·2 | 8 | 20 | ·2 |
| ·5 | 10 | 25 | ·5 |
| ·2 | 20 | 50 | ·2 |

(2)

| | Anzahl | Preis in Euro | |
|---|---|---|---|
| | 3 | 7 | |
| ·2 | 6 | 14 | ·2 |
| ·3 | 9 | 21 | ·3 |
| ·4 | 12 | 28 | ·4 |
| ·5 | 15 | 35 | ·5 |

**b)** *Zum Beispiel könnte dir auffallen:*
Manchmal konnte man hochrechnen, manchmal runterrechnen, manchmal war es besser, Werte zu überspringen.

**c)** Es gibt mehrere Lösungen. In einer einfachen Tabelle kannst du immer auf dieselbe Art rechnen. In einer schwierigen Tabelle geht es hoch und runter und man muss mit Zwischenwerten rechnen.

## 4 Fehler bei der Umrechnung

(1)

| Pfund | Euro |
|---|---|
| 1 | 1,20 |
| 2 | 2,40 |
| 5 | 6,00 |
| 10 | 12,00 |
| 20 | 24,00 |

(2)

| Pfund | Euro |
|---|---|
| 0,50 | 0,415 |
| 1 | 0,830 |
| 2 | 1,660 |
| 5 | 4,150 |
| 10 | 8,300 |

(3)

| Pfund | Euro |
|---|---|
| 1 | 1,2 |
| 2 | 2,4 |
| 3 | 3,6 |
| 4 | 4,8 |
| 5 | 6,0 |

## 5 Unbekannte Einheiten umrechnen

**links:**

1)

| | feet | inch | |
|---|---|---|---|
| | 5 | 60 | |
| :5 | 1 | 12 | :5 |
| ·12 | 12 | 144 | ·12 |
| ·8 | 8 | 96 | ·8 |

„Ich schaue, wie oft der Wert für „feet“ in „inch“ passt.“

(2)

| | mph | km/h | |
|---|---|---|---|
| | 30 | 48 | ·1,6 |
| | 70 | 112 | |
| | 100 | 160 | |
| :2 | 50 | 80 | :2 |

„Zuerst berechne ich den festen Faktor.“

**rechts:**

1)

| | Gallone | Liter | |
|---|---|---|---|
| | 1 | 3,79 | |
| :5 | 5 | 18,95 | :5 |
| ·2 | 10 | 37,9 | ·2 |
| | ≈ 2,64 | 10 | : 3,79 |

„Ich dividiere durch den festen Faktor.“

(2)

| | feet | Meter | |
|---|---|---|---|
| | 328 | 100 | |
| :2 | 164 | 50 | :2 |
| :5 | 65,6 | 20 | :5 |
| | 100 | ≈ 30,49 | : 3,28 |

„Ich dividiere durch den festen Faktor.“

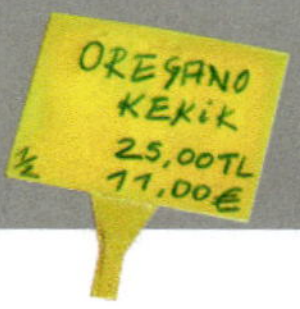


**6 Das Umrechnungsmaßband**

Das Maßband gibt direkt die Werte für Zentimeter und Inch. Vom Maßband kannst du zum Beispiel ablesen, dass 4 inch etwa 10,2 cm sind oder auch 2 inch etwa 5,1 cm.

Hier ist eine Tabelle mit den genauen Werten:

| Inch | Zentimeter |
|---|---|
| 1 | 2,54 |
| 2 | 5,08 |
| 3 | 7,62 |
| 4 | 10,16 |
| 5 | 12,70 |
| 6 | 15,24 |

## Vertiefen 2 Mit Minitabellen schriflich hoch- und runterrechnen

Seite 242

**7 Drei Rechenwege im Vergleich**

**a)** „Pia rechnet 120 : 30 = 4. Das ist der feste Faktor. Dann kann sie 50 · 4 = 200 rechnen.“
(rechte Tabelle)

| Anzahl | Preis in Euro |
|---|---|
| 30 | 120 |
| 50 | 200 |

Merves Tabelle (mittlere Tabelle)

| Anzahl | Preis in Euro |
|---|---|
| 30 | 120 |
| 1 | 120 : 30 = 4 |
| 50 | 4 · 50 = 200 |

Oles Tabelle (linke Tabelle)

| Anzahl | Preis in Euro |
|---|---|
| 30 | 120 |
| 10 = 30 : 3 | 120 : 3 = 40 |
| 50 = 10 · 5 | 40 · 5 = 200 |

**b)** Alle Rechenwege führen auf dasselbe Ergebnis. Wenn man auf 1 runterrechnet, kommt man auf den festen Faktor. Wenn man wie Ole mit einem anderen Zwischenschritt rechnet, rechnet man mit entsprechenden Vielfachen von diesem Wert.

**c)** Ja, mit allen drei Rechenwegen kommt man auf das gleiche Ergebnis.
Pia: festen Faktor ausrechnen:
90 : 400 = 0,225

| Gewicht in Gramm | Preis in Cent |
|---|---|
| 400 | 90 |
| 500 | 500 · 0,225 = 112,5 ct ≈ 1,13 € |

Merve rechnet aus, wie viel Cent 1 g Melone kosten würde, das gibt eine sehr kleine Zahl.
Merves Tabelle

| Gewicht in Gramm | Preis in Cent |
|---|---|
| 400 | 90 |
| 1 | 90 : 400 = 0,225 |
| 500 | 0,225 · 500 = 112,5 ct ≈ 1,13 € |

Oles Tabelle

| Gewicht in Gramm | Preis in Cent |
|---|---|
| 400 | 90 |
| 100 | 90 : 4 = 22,5 |
| 500 | 22,5 · 5 = 112,5 ct ≈ 1,13 € |

**8 Passenden Faktor finden**

**a)**
(1) 12 : 200 = 0,06
Ein gefahrener Kilometer kostet 0,06 €.
(2) 60 : 800 = 0,075
Pro Kilometer verbraucht der Mietwagen 0,075 l Kraftstoff. Üblicherweise wird aber angegeben, wie viel Kraftstoff ein Auto auf 100 km verbraucht, also 7,5 l.
(3) 60 : 50 = 1,2
Ein Liter kostet 1,20 €.
(4) 600 : 8 = 75
Man geht davon aus, dass eine Person 75 kg wiegt.
(5) 2,95 : 0,5 = 5,90
Ein Kilogramm Hackfleisch kostet 5,90 €.

**b)**
(1) 150 · 0,06 = 9
Sie müssen noch 9 € Maut bezahlen.
(2) 25 : 0,075 ≈ 333
Nach dem Tanken können sie weitere 333 km fahren.
(3) 20 · 1,20 = 24
Nach dem Ausflug tankt Pias Mutter für 24 €.
(4) 1050 : 75 = 14
Der andere Aufzug ist für 14 Personen geeignet.
(5) 8,85 : 5,90 = 1,5
Till hat 1,5 kg Hackfleisch gekauft.

Seite 243

9 **Rechenprobleme auf Reisen**

a) P Wie viel Dollar bekommt Till für seine 100 €?

A So könnte die Minitabelle aussehen:

| Betrag in Euro | Betrag in Dollar |
|---|---|
| 30 | 42 |
| | |
| 100 | |

D Hier gibt es verschiedene Rechenwege.

E Für 100 € bekommt Till 140 $.

K Till hat etwas mehr als dreimal so viel Euro wie Merve. Er müsste also auch etwa mehr als 3-mal so viel Dollar bekommen. 42 · 3 sind 126. 140 $ sind etwas mehr als 126 $. Das kann stimmen.

b) P Wie viele Tage können sie den Wagen mieten?

A So könnte die Minitabelle aussehen:

| Anzahl der Tage | Preis in Euro |
|---|---|
| 5 | 420 |
| | |
| | 800 |

D Es gibt verschiedene Rechenwege.
zum Beispiel kostet der Mietwagen pro Tag 84 €; dann könnte man rechnen 800 : 84 ≈ 9,523…

E Wenn sie nicht mehr als 800 € zahlen wollen, können sie den Wagen für 9 Tage mieten. (Aufrunden auf 10 Tage ist hier nicht sinnvoll, weil es dann mehr als 800 $ kostet.)

K 5 Tage kosten 420 €. Doppelt so lange, also 10 Tage würden etwas über 800 € kosten. Sie können den Wagen also nur etwas weniger als 10 Tage mieten. Das passt zum Ergebnis.

c) P Welchen Durchmesser haben Pias Reifen in Zentimeter?

A So könnte die Minitabelle aussehen:

| Zoll | Zentimeter |
|---|---|
| 26 | 66 |
| | |
| 24 | |

D Hier gibt es verschiedene Rechenwege.

E Pias Reifen haben einen Durchmesser von 61 cm.

K Ein Zoll ist 2,54 cm. 2 Zoll sind dann ungefähr 5 cm. Und 66 cm – 5 cm = 61 cm. Das passt zum Ergebnis.

d) P Wie viele Kilometer sind es vom Wasserlauf bis zum Ziel?

A So könnte die Minitabelle aussehen:

| Strecke in Kilometer | Zeit in Minuten |
|---|---|
| 5 | 150 |
| | |
| | 60 |

D Hier gibt es verschiedene Rechenwege. Ich berechne zuerst die Strecke, die sie nach einer Stunde schon gewandert sind, und dann die noch fehlende Strecke: 5 km – 2 km = 3 km

E Sie müssen noch 3 km bis zum Ziel wandern.

K 60 min + 60 min + 30 min = 150 min für die gesamte Wanderung, wenn sie jetzt in 60 min 2 km wandern, dann wandern sie insgesamt: 2 km + 2 km + 1 km = 5 km.
Das passt zu den Angaben.

e) P Frage: Was ist höher: 6200 m oder 30 000 Fuß?

A Hier fehlen Angaben. Kam so was Ähnliches schon mal in einer Aufgabe vor? Finde ich im Internet oder in anderen Schulbüchern Informationen?
Auf Seite 241 finde ich bei Aufgabe 5 in der letzten Tabelle, dass 328 Fuß gleich 100 Meter sind. So könnte die Minitabelle aussehen:

| Höhe in Meter | Höhe in Fuß |
|---|---|
| 100 | 328 |
| | 30 000 |
| 6200 | |

D 6200 m = 20 336 feet, das ist weniger als 30 000 feet.

E Ja, das reicht für das Flugzeug.

K Welche Flugrouten gibt es?

f) P Frage: Für wie viele Kilometer reichen 60 l Kraftstoff?
Die Frage könnte auch lauten: Wie viele Kilometer kann sie mit dem restlichen Kraftstoff noch fahren?

A So könnte die Minitabelle aussehen:

| Menge des Kraftstoffs in Liter | Strecke in Kilometer |
|---|---|
| 15 | 200 |
| | |
| 60 | |

D Hier gibt es verschiedene Rechenwege.

E Mit dieser Tankfüllung können sie 800 km fahren. Pias Mutter kann noch 600 km fahren, bevor sie wieder tanken muss.

K Wie ist das bei dem Auto deiner Familie?

g) P Wie lange fährt man bis ganz oben?

A Ich rechne die Zeit erst in Sekunden um.
So könnte die Minitabelle dann aussehen:

| Strecke in Meter | Zeit in Sekunden |
|---|---|
| 120 | 240 |
| 160 | |
| 280 | |

**D** Hier gibt es verschiedene Rechenwege.

**E** Der Fahrstuhl braucht von der Plattform bis zur Spitze 320 s, also 5 Minuten und 20 Sekunden. Oder: Bis ganz oben brauchen die Fahrstühle 560 s, also 9 min und 20 s. Dazu kommt noch die Zeit zum Umsteigen.

**K** Die Plattform liegt etwas unter der halben Höhe, also braucht der Fahrstuhl bis zur Spitze etwa die doppelte Zeit.

**Seite 244**

**10 Eine passende Minitabelle finden**

**a)** (1)

| Preis in Euro | Anzahl |
|---|---|
| 2,50 | 20 |
| 6 | 48 |

(2)

| Menge in g | Preis in € |
|---|---|
| 150 | 2,50 |
| 250 | ca. 4,17 |

(3) Für die Erwachsenen 10 € und zusätzlich für die Kinder:

| Anzahl der Kinder | Preis in € |
|---|---|
| 5 | 10 |
| 8 | 16 |

Insgesamt sind es 26 €.

(4)

| Farbmenge in l | Wandfläche in $m^2$ |
|---|---|
| 10 | 80 |
| 31,25 | 250 |

Drei Eimer Farbe reichen nicht. Es müssen vier Eimer gekauft werden.

(5)

| Menge in l | Kosten in € |
|---|---|
| 10 | 5,50 |
| $4 \cdot 7{,}5 = 30$ | 16,50 |

(6)

| Gewicht in g | Preis in € |
|---|---|
| 500 | 35 |
| 1000 | 70 |

**b)** Bei (3) war es schwierig, eine Tabelle zu finden, weil die Erwachsenen einen anderen Preis bezahlen müssen. Bei (5) war es schwierig, eine Tabelle zu finden, weil man zuerst die Menge in Litern aus der Anzahl der Eimer berechnen musste.

**11 Geeignete Zwischenschritte finden**

**a)** Ole rechnet zunächst die Grundsteuer für einen Monat aus. Von Anfang Juni bis zum Jahresende sind es 7 Monate. Also multipliziert er die Steuer für einen Monat mit 7. Pia berechnet aus der Jahressteuer die Anteile für 4 Monate und für 3 Monate und addiert diese. Der Unterschied besteht darin, dass Ole sein Verfahren auf andere Zeiten besser anwenden kann und Pia leicht zu errechnende Werte genutzt hat.

**b)**

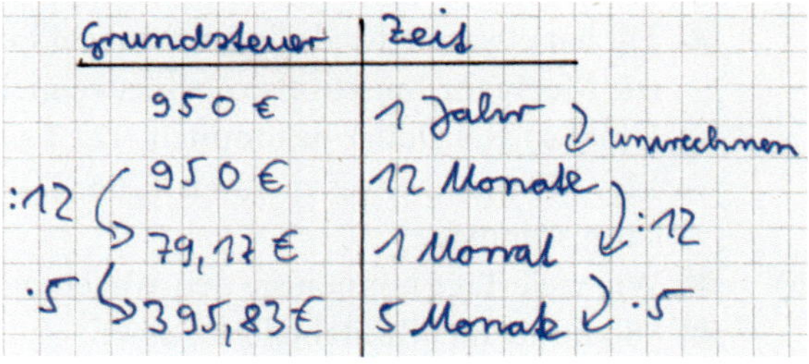


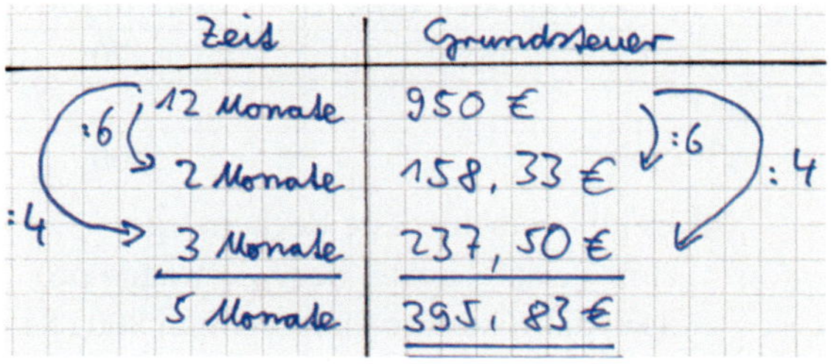


Möglicherweise sind deine Ergebnisse etwas anders, weil du gerundet hast.

**Seite 245**

**12 Zwischenschritte finden**

(1)

| Anzahl | Preis in Euro |
|---|---|
| 30 | 120 |
| **10** | **40** |
| 50 | **200** |

(2)

| Anzahl | Preis in Euro |
|---|---|
| 45 | 120 |
| **15** | **40** |
| 75 | **200** |

(3)

| Anzahl | Preis in Euro |
|---|---|
| 100 | 18 |
| **50** | **9** |
| 150 | **27** |

(4)

| Anzahl | Preis in Euro |
|---|---|
| 12 | 20 |
| **2** | **3,33** |
| 50 | **83,33** |

(5)

| Anzahl | Preis in Euro |
|---|---|
| 9 | 120 |
| **3** | **40** |
| 15 | **200** |

(6)

| Anzahl | Preis in Euro |
|---|---|
| 300 | 20 |
| **15** | **1** |
| 1425 | **95** |

Möglicherweise sind deine Ergebnisse bei (4) etwas anders, weil du gerundet hast.

**13 Günstigere Zwischenschritte finden**

a) (1)

| Anzahl | Preis in Euro |
|---|---|
| 200 | 120 |
| 1 | **0,6** |
| 150 | **90** |

(2)

| Anzahl | Preis in Euro |
|---|---|
| 40 | 11,20 |
| 1 | **0,28** |
| 60 | **16,80** |

(3)

| Anzahl | Preis in Euro |
|---|---|
| 14 | 18 |
| 1 | **1,29** |
| 70 | **90** |

Möglicherweise sind deine Ergebnisse bei (3) etwas anders, weil du gerundet hast.

b) (1)

| Anzahl | Preis in Euro |
|---|---|
| 200 | 120 |
| **50** | **30** |
| 150 | **90** |

(2)

| Anzahl | Preis in Euro |
|---|---|
| 40 | 11,20 |
| **20** | **5,60** |
| 60 | **16,80** |

(3)

| Anzahl | Preis in Euro |
|---|---|
| 14 | 18 |
| **7** | **9** |
| 70 | **90** |

**14 An der Wurst- und Käsetheke**

a)

| Gewicht in g | Preis in € |
|---|---|
| 250 | 2,00 |
| 25 | 0,20 |
| 625 | 5,00 |

Pia muss 5,00 € bezahlen.

b)

| Gewicht in g | Preis in € |
|---|---|
| 180 | 4,25 |
| ca. 42,35 | 1 |
| ca. 211,77 | 5 |

Für 5 € könnte Merve ca. 212 g Käse bekommen.

## Vertiefen 3 Proportionale Zusammenhänge erkennen

Seite 246

**15 Einheiten für Temperatur vergleichen**

a) Nein, die Temperaturskalen sind nicht proportional zueinander. Wenn man bei den Temperaturen in Grad Celsius das Doppelte der einen Temperatur nimmt (z. B. von 10 °C auf 20 °C), dann verdoppelt sich der entsprechende Wert in Grad Fahrenheit nicht (von 50 °F auf 68 °F).

b) Till ist aufgefallen, dass einem 10er-Sprung in Grad Celsius ein 18er-Sprung in Grad Fahrenheit entspricht. Er konnte das in der Tabelle an einem weiteren Wertepaar überprüfen. Dann hat er sich eine eigene Tabelle angelegt.
Eine Zunahme von 10 °C entspricht einer Zunahme von 18 °F.
Eine Zunahme von 5 °C entspricht einer Zunahme von 9 °F.
Eine Zunahme von 1 °C entspricht einer Zunahme von 1,8 °F.
Um z. B. 54 °F in Grad Celsius umzurechnen, kannst du dir ein Wertepaar aus der Tabelle suchen, das schon ungefähr passt, z. B. 50 °F und 10 °C. Nun versuchst du mit Schritten von 1,8 °F möglichst nahe an 54 °F heranzukommen. Bei 2 Schritten sind es 53,6 °F, bei 3 Schritten sind es 55,4 °F. Bei 2 Schritten bist du mit 53,6 °F am nächsten an 54 °F dran. Diese beiden Schritte entsprechen 2 Schritten von 1 °C. Damit entspricht 54 °F ungefähr 12 °C.

**16 Zuordnungen prüfen**

a) **links:** (1) nicht proportional; (2) proportional

**rechts:** (1) nicht proportional; (2) proportional

b) **links:** Zuordnung (1) ist nicht proportional, da eine Verdopplung (Verdreifachung, …) von A nicht entsprechend zu einer Verdopplung (Verdreifachung, …) von B führt. Zuordnung (2) ist proportional, da eine Verdopplung (Verdreifachung, …) von A entsprechend zu einer Verdopplung (Verdreifachung, …) von B führt.

**rechts:** Zuordnung (1) ist nicht proportional, da eine Verdopplung (Verdreifachung, …) von A nicht entsprechend zu einer Verdopplung (Verdreifachung, …) von B führt. Zuordnung (2) ist proportional, da eine Verdopplung (Verdreifachung, …) von A entsprechend zu einer Verdopplung (Verdreifachung, …) von B führt.

**17 Proportionale und nichtproportionale Zusammenhänge**

(1) nicht proportional, weil das Tempo des 100 m-Sprints nicht auf einer Strecke von 1500 m aufrechterhalten werden kann

(2) proportional, weil Früchte oft nach Gewicht verkauft werden; Kilopreis 1,60 €

(3) nicht proportional, weil Menschen in Schüben wachsen. Man wird nicht doppelt so groß, wenn man doppelt so alt wird wie zu einem früheren Zeitpunkt. Wenn du einen der Rechenwege für proportionale Zusammenhänge anwendest (z. B. „Direkt hochrechnen“ mit „mal 1,5“), erhältst du eine Größe von 2,19 m für Oles Bruder mit 12 Jahren. Das ist kein sinnvolles Ergebnis.

(4) proportional; in dem 350 g schweren Hamburger sind 31,5 g Fett enthalten

Seite 247

**18 Proportional oder nicht proportional?**

a) (1) nicht proportional, denn Füße sind irgendwann ausgewachsen und wachsen dann nicht mehr weiter

(2) proportional, solange man nur eine Art von Centmünzen (1er, 2er oder 5er) nimmt. Doppelt so viele gleiche Münzen haben auch das doppelte Gewicht.

(3) nicht proportional, denn das Gewicht hängt nicht von der Körpergröße ab

(4) nicht proportional; Wenn sich die Seitenlänge z. B. von 1 cm auf 2 cm verdoppelt, vervierfacht sich der Flächeninhalt von $1\,cm^2$ auf $4\,cm^2$.

b) *verschiedene Lösungen sind möglich*
Überprüfe deine gefundenen Zusammenhänge: Wenn du die eine Größe verdoppelst, muss sich auch die andere Größe verdoppeln.

c) *verschiedene Lösungen sind möglich*
Überprüfe deine gefundenen Zusammenhänge: Suche nach einem Beispiel, bei dem sich die eine Größe verdoppelt (verdreifacht, …), während sich die andere Seite nicht verdoppelt (verdreifacht, …).

**19 Situationen mit und ohne proportionalen Zusammenhang unterscheiden**

(1) Das Auto fährt mit gleichbleibender Geschwindigkeit.

(2) Alle Beläge kosten gleich viel. Dann ist nur der Preisaufschlag, der zum Grundpreis der Pizza dazukommt, proportional zu Anzahl der Beläge.

(3) Kinder und Erwachsene zahlen denselben Preis. Es gibt also für die Kinder keine Ermäßigung.

(4) Es sind Brötchen derselben Sorte oder die gekauften Brötchensorten werden zum gleichen Preis verkauft.

(5) sekundengenaue Abrechnung nach Gesprächsdauer ohne Grundgebühr

**20 Angebote vergleichen**

a) Angebot 3 ist das einzige Angebot, bei dem der Preis proportional zur Anzahl der Tage ist.

b)

| Anzahl der Tage | Preis in Dollar | | |
|---|---|---|---|
| | Angebot 1 | Angebot 2 | Angebot 3 |
| 1 | 340 | 1399 | 285 |
| 2 | 680 | 1399 | 570 |
| 3 | 1020 | 1399 | 855 |
| 4 | 1220 | 1399 | 1140 |
| 5 | 1420 | 1399 | 1425 |
| 6 | 1620 | 1399 | 1710 |
| 7 | 1820 | 1399 | 1995 |

c) Angebot 3 ist bei 4 Tagen am günstigsten.

d) Je nachdem, wie lange die Besucher teilnehmen wollen, sind jeweils andere Angebote am günstigsten.
Angebot 3 ist für kurze Touren günstig, bei Angebot 2 muss eine ganze Woche bezahlt werden und Angebot 1 ist günstig für lange Touren, bei denen man die Anzahl der Tage frei wählen möchte.

## Vertiefen 4 Alltagsprobleme rechnerisch lösen

Seite 248

**21 Preise vergleichen**

(1) Äpfel „Pink Lady"

| Anzahl | Preis in Euro |
|---|---|
| 4 | 1,80 |
| 2 | 0,90 |
| 6 | 2,70 |

6 Äpfel der Sorte Braeburn kosten 2,49 €, sind also billiger als Pink Lady. Man muss aber auch auf die Größe der Äpfel achten.

(2) Eier aus Bodenhaltung

| Anzahl | Preis in Euro |
|---|---|
| 10 | 1,99 |
| 1 | ≈ 0,20 |
| 6 | ≈ 1,20 |

6 Bioeier kosten 1,67 €. Bioeier sind also teurer.

**22 Geschwindigkeiten auf verschiedenen ICE-Strecken**

F Weil sowohl die Entfernungen als auch die Fahrtzeiten unterschiedlich sind, kann man nicht direkt vergleichen.

A Ich bestimme die Strecke, die alle drei Züge in derselben Zeit zurücklegen, z. B. in einer Stunde.

D Hamburg – Karlsruhe

| Strecke in km | Zeit in min |
|---|---|
| 650 | 305 |
| 130 | 61 |

Stuttgart – München

| Strecke in km | Zeit in min |
|---|---|
| 250 | 135 |
| 50 | 27 |
| 100 | 54 |
| 11,1 | 6 |
| 111 | 60 |

Frankfurt – Siegburg

| Strecke in km | Zeit in min |
|---|---|
| 150 | 40 |
| 75 | 20 |
| 225 | 60 |

E Hamburg – Karlsruhe nicht ganz $130\,\frac{\text{km}}{\text{h}}$

Stuttgart – München $111\,\frac{\text{km}}{\text{h}}$

Frankfurt – Siegburg $225\,\frac{\text{km}}{\text{h}}$

K Berechne, wie weit die Züge in der angegebenen Zeit mit der berechneten Geschwindigkeit kommen. Diese Strecke sollte mit der gegebenen Entfernung übereinstimmen.

**23 Dreisatz**

a)

| Anzahl | Preis in Euro |
|---|---|
| 6 | 2,70 |
| 1 | 0,45 |
| 9 | 4,05 |

Die Anordnung der Zahlenpaare ist dieselbe. Im Dreisatz wird auf 1 Brötchen heruntergerechnet. Mit Tabellen hat man mehrere Rechenwege zur Auswahl, zum Beispiel den Zwischenschritt 3 Brötchen.

b) (1) 8 Kiwis kosten 3,12 €.
1 Kiwi kostet 0,39 €, denn 312 : 8 = 39.
14 Kiwis kosten 5,46 €, denn 14 · 39 = 546.

(2) 3 Tage kosten 261 €.
1 Tag kostet 87 €, denn 261 : 3 = 87.
5 Tage kosten 435 €, denn 5 · 87 = 435.

Seite 249

**24 Maßstab**

a) Es kommt darauf an, wie genau du aus der Zeichnung abgelesen hast.

| Strecke auf dem Stadtplan | Strecke in der Wirklichkeit |
|---|---|
| **0,7 cm** | 150 m |
| 2,5 cm | ≈ 520 m |

Auf dem Stadtplan ist die Strecke vom Madison Square Park zum Union Square Park ungefähr 3,5 mal so lang wie die Breite des Madison Square Parks. Die Entfernung beträgt ungefähr 520 m.

b) *verschiedene Lösungen sind möglich*
Der kürzeste Weg zwischen den beiden Parks führt über den Broadway (520 m). Ein Umweg über East 23rd St und Park Avenue verlängert den Weg auf etwa 770 m.

c)

| Strecke auf dem Stadtplan | Strecke in der Wirklichkeit |
|---|---|
| **0,7 cm** | 150 m |
| ≈ 9,3 cm | 2000 m |

d) je nach Genauigkeit beim Messen und beim Runden 1 : 20 000 oder 1 : 21 000

**25 Entfernungen in den USA**

a)

| Ziel | Fahrtstrecke | Fahrzeit | Verbrauch Kleinwagen | Verbrauch Wohnmobil |
|---|---|---|---|---|
| Yosemite National Park | 1320 km | **15 h** | **92,4 l** | **138,6 l** |
| Mono Lake | 840 km | **≈ 9,5 h** | 58,8 l | **88,2 l** |
| Geisterstadt Bodie | **352 km** | **4 h** | **24,6 l** | **36,9 l** |
| Las Vegas | 1860 km | **≈21 h** | 130,2 l | 195,3 l |

b) Zur Geisterstadt Bodie kann man mit dem Kleinwagen fahren, da man noch am selben Tag zurück fahren kann. Überall sonst muss man im Motel übernachten oder man braucht ein Wohnmobil.

c) Du kannst auf einer Deutschlandkarte z. B. die Strecke Hamburg – München abmessen und mit Hilfe des Maßstabs dieser Karte die Entfernung zwischen beiden Städten in der Wirklichkeit ausrechnen. Sie beträgt 613 km. Vergleichbare Entfernungen wie in Aufgabe a) gibt es innerhalb Deutschlands also kaum.

d) Diese Faustregel ist deswegen sinnvoll, da man ohne Staus aber mit einem Tempolimit normalerweise immer gleich schnell fährt. So kann man in der doppelten Zeit auch die doppelte Strecke zurücklegen.
In Deutschland gibt es häufig Autobahnen ohne Tempolimit und viele Staus, so dass die Geschwindigkeit selten gleich bleibt. Diese Faustregel gilt in Deutschland also nicht.

## Vertiefen 5 Hoch- und Runterrechnen im Kopf

Seite 250

**26 Preisvergleich**

a) Du kannst auf verschiedene Arten rechnen. Zum Beispiel rundest du den Preis für die kleinere Packung auf 1,40 € und rechnest dann auf die Menge der großen Packung hoch.

| Gewicht in Gramm | Preis in Euro |
|---|---|
| 250 | 1,40 |
| 125 | 0,70 |
| 375 | 2,10 |

Dann siehst du, dass die größere Packung bei gleicher Menge mehr kostet.
Oder du rechnest aus, wie viel 750 g Spaghetti jeweils kosten würden.

| kleine Packung | | große Packung | |
|---|---|---|---|
| Gewicht in Gramm | Preis in Euro | Gewicht in Gramm | Preis in Euro |
| 250 | 1,39 | 375 | 2,29 |
| 750 | 4,17 | 750 | 4,58 |

b)

| kleine Packung | | große Packung | |
|---|---|---|---|
| Gewicht in Gramm | Preis in Euro | Gewicht in Gramm | Preis in Euro |
| 250 | 1,39 | 375 | 2,29 |
| 125 | 0,70 | 125 | 0,76 |
| 375 | 2,09 | 250 | 1,53 |

**27 Im Kopf überschlagen**

(1) 100 miles → 150 km (100 + 100 : 2) | 10 mph → 15 $\frac{km}{h}$ (10 · 3 = 30; 30 : 2 = 15)

(2) 50 miles → 75 km (50 + 50 : 2) | 60 mph → 90 $\frac{km}{h}$ (60 · 3 = 180; 180 : 2 = 90)

(3) 5 miles → 7,5 km (5 + 5 : 2) | 45 mph → 67,5 $\frac{km}{h}$ (45 · 3 = 135; 135 : 2 = 67,5)

(4) 105 miles → 157,5 km (105 + 105 : 2) | 65 mph → 97,5 $\frac{km}{h}$ (65 · 3 = 195; 195 : 2 = 97,5)

Du könntest bei jeder Umrechnung auch erst mit 3 multiplizieren und dann durch 2 teilen.
Weil du mit 1,5 statt mit 1,6 multipliziert hast, kannst du „krumme“ Werte aufrunden, also 80 km statt 75 km und 160 km statt 157,5 km.

Weil du mit 1,5 statt mit 1,6 multipliziert hast, kannst du „krumme“ Werte aufrunden, also 70 $\frac{km}{h}$ statt 67,5 $\frac{km}{h}$ und 100 $\frac{km}{h}$ statt 97,5 $\frac{km}{h}$.

**28 Kraftstoff sparen**

a) normale Fahrweise: Der Kleinwagen verbraucht pro 100 km 1,5 Liter weniger.
1000 miles ≈ 1500 km sind die 15-fache Strecke von 100 km, also spart man 15 · 1,5 = 22,5 Liter.
sparsame Fahrweise: Der Kleinwagen verbraucht pro 100 km 1,0 Liter weniger. Also spart man 15 Liter.
5400 miles ≈ 8100 km sind die 81-fache Strecke von 100 km, spart man bei normaler Fahrweise 81 · 1,5 = 121,5 Liter und bei sparsamer Fahrweise 81 Liter.

b) Große Rundreise:
5400 miles ≈ 8694 km (Maßzahl mal 1,61)
≈ 8700 km
Kleine Rundreise:
1000 miles ≈ 1610 km ≈ 1600 km
Kleinwagen normal große Reise:
87 · 7 = 609 (Liter)
Kleinwagen normal kleine Reise:
16 · 7 = 112 (Liter)
Kleinwagen sparsam große Reise:
87 · 6,5 = 565,5 (Liter)
Kleinwagen sparsam kleine Reise:
16 · 6,5 = 104 (Liter)
Mittelklassewagen normal große Reise:
87 · 8,5 = 739,5 (Liter)
Mittelklassewagen normal kleine Reise:
16 · 8,5 = 136 (Liter)
Mittelklassewagen sparsam große Reise:
87 · 7,5 = 652,5 (Liter)
Mittelklassewagen sparsam kleine Reise:
16 · 7,5 = 120 (Liter)

**Seite 251**

**29 Kraftstoff tanken**

a) Der Tank des Geländewagens fasst ungefähr 100 l (4 · 25 = 100).

b) Die Preise für die Kraftstoffsorten musst du an den Tafeln ablesen. „Regular 407“ bedeutet zum Beispiel, dass eine Gallone der Sorte Regular 4,07 $ kostet.
10 Gallonen Regular: etwa 40,70 $
12 Gallonen Premium: etwa 51,60 $
(12 · 430 : 100)
15 Gallonen Plus: etwa 63 $ (15 · 420 : 100)

c) 40,70 $; 51,24 $; 62,55 $

**30 Trinkgeld heißt „tip“**

a)
(1) 20 $ → 3 $ Trinkgeld
(10 % von 20 = 2; 2 : 2 = 1; 2 + 1 = 3)
(2) 36 $ → 5,40 $ Trinkgeld
(10 % von 36 = 3,60; 3,60 : 2 = 1,80; 3,60 + 1,80 = 5,40)
(3) 24 $ → 3,60 $ Trinkgeld
(10 % von 24 = 2,40; 2,40 : 2 = 1,20; 2,40 + 1,20 = 3,60)

b)
(1) 18 % von 100 $ sind 18 $; die einfachere Aufgabe ist hier nicht nötig.
(2) Hier ist es einfacher, 25 % von 20 $ zu berechnen. 25 % sind ein Viertel, also rund 5 $.
(3) 20 % von 20 $ sind 4 $.

c) Achte beim Vergleichen der Ergebnisse aus a) darauf, ob dir Fehler beim Kopfrechnen unterlaufen sind.
Bei den Ergebnissen aus b) musst du auf Rechenfehler achten und dir ansehen, welche Abweichungen durch das Runden entstanden sind.
(1) kein Unterschied
(2) Beim Runden von 19,95 $ auf 20 $ hat sich eine kleine Abweichung ergeben. Hätte man auf 30 % und auf 20 $ gerundet, dann würde die Abweichung im Ergebnis dagegen mehr als ein Fünftel des genauen Ergebnisses ausmachen.
(3) Die Überschlagsrechnung ist hier sehr sinnvoll, da einmal auf- und einmal abgerundet wird.

## Checkliste Verbrauch im Haushalt – Schätzen und Überschlagen

Seite 22

**Ich kenne Beispiele für große und kleine Mengen und kann sie als Vergleich für das Schätzen verwenden.**
*verschiedene Lösungen sind möglich,* z. B.
200 ml: Trinkglas, Tetrapack
1000 l: 100 Wassereimer zu je 10 l, 5 Regentonnen zu je 200 l
Schüssel: ca. 5 l

**Ich kann eine Zahl auf Zehner, Hunderter und Tausender runden.**
10 581 runden auf
Zehner: 10 580 Hunderter: 10 600 Tausender: 11 000

**Ich kann Rechnungen überschlagen, indem ich passend runde.**
Mahlzeiten pro Tag: 3
Mahlzeiten pro Woche: $3 \cdot 7 = 21$
Mahlzeiten pro Jahr: $21 \cdot 52 = 1092$; gerundet 1100

**Ich kann zu Aufgabenstellungen einfachere Fragen formulieren.**
Verschiedene Lösungen sind möglich, z. B.
Löse ich Aufgaben nur im Unterricht?
Wie viele Aufgaben löse ich in einer Unterrichtsstunde?
Wie viele Stunden Mathematik pro Woche stehen im Stundenplan?
Wie viele Wochen hat ein Schuljahr?
Muss ich bei meiner Rechnung berücksichtigen, dass ich eventuell durch Krankheit Fehltage im Schuljahr habe?

**Ich kenne verschiedene Schritte beim Problemlösen und kann sagen, bei welchem Schritt ich gerade bin.**
P Problem verstehen: Ich erkenne, was gesucht ist.
A Ansatz suchen: Ich kann einen Lösungsweg skizzieren.
D Durchführen: Ich löse die Aufgabe und notiere auch die Zwischenergebnisse.
E Ergebnis erklären: Ich prüfe, ob das Ergebnis gerundet werden muss.
K Kontrollieren: Kann das Ergebnis stimmen? Passt es zum Sachverhalt?

**Ich kann Alltagsprobleme lösen, die mit dem Schätzen von Mengen und Größen zu tun haben.**
Verschiedene Lösungen sind möglich, z. B.
Die Familie besteht aus vier Personen. Die Mülltonne (60 l) wird alle zwei Wochen geleert. Das Jahr hat 52 Wochen, in zwei Wochen (Urlaub) fällt kein Müll an.
$52 - 2 = 50$ (Wochen) $50 : 2 = 25$ (Mülltonnen) $25 \cdot 60 = 1500$ (Liter)

## Checkliste Zahlen unter der Lupe – Zahlen zerlegen und erforschen

Seite 42

**Ich kann zu einer Zahl kleiner als 100 alle Teiler angeben.**
Teiler von 25: 1; 5; 25

**Ich kann erklären, was eine Primzahl ist, und Beispiele angeben.**
Primzahlen sind alle Zahlen, die nur zwei Teiler besitzen; z. B. 13 besitzt die Teiler 1 und 13.

**Ich kann eine Zahl vollständig in ein Produkt von Primzahlen zerlegen.**
$90 = 2 \cdot 3 \cdot 3 \cdot 5$

**Ich kenne die Potenzschreibweise.**
$2^3 \cdot 5^3 = 2 \cdot 2 \cdot 2 \cdot 5 \cdot 5 \cdot 5 = 1000$ Die Potenzschreibweise ist eine verkürzte Schreibweise von Faktoren.
$2 \cdot 2 \cdot 3 \cdot 3 \cdot 3 \cdot 4 \cdot 4 \cdot 4 \cdot 4 = 2^2 \cdot 3^3 \cdot 4^4$

**Ich kann feststellen, ob eine Zahl durch 2, 3, 5, 9 oder 10 teilbar ist, ohne die Division auszuführen.**
14 362 634 teilbar durch 2, weil die letzte Ziffer gerade ist; nicht teilbar durch 3, weil die Quersumme nicht durch 3 teilbar ist: $1 + 4 + 3 + 6 + 2 + 6 + 3 + 4 = 29$
1230; 2130; 2310; 3120; 3210 sind teilbar durch 2; 3 und 5.

**Ich kann zu zwei Zahlen den größten gemeinsamen Teiler (ggT) und das kleinste gemeinsame Vielfache (kgV) finden.**
5 ist der ggT von 10 und 15; 30 ist das kgV von 10 und 15.

**Ich kann Zahlen erforschen, indem ich Beispiele untersuche, Vermutungen formuliere und sie überprüfe.**
Eine Zahl ist durch 4 teilbar, wenn die letzten beiden Ziffern eine durch 4 teilbare Zahl bilden.

**Ich kann Probleme mit Zahlen lösen, indem ich nach dem Lösungsplan P A D E K vorgehe.**
P Die kleinste Zahl finden, die durch 3, 4, 5 und 6 teilbar ist.
A Ich suche das kgV von den Teilern.
D Vielfache von 3: 3, 6, 9, 12, 15, 18, 21, 24, 27, 30, 33, 36, 39, 42, 45, 48, 51, 54, 57, **60**, 63, 66, 69, …
Vielfache von 4: 4, 8, 12, 16, 20, 24, 28, 32, 36, 40, 44, 48, 52, 56, **60**, 64, 68, 72, 76, 80, 84, 88, …
Vielfache von 5: 5, 10, 15, 20, 25, 30, 35, 40, 45, 50, 55, **60**, 65, 70, 75, 80, 85, 90, 95
Vielfache von 6: 6, 12, 18, 24, 30, 36, 42, 48, 54, **60**, 66, 72, 78, 84, 90, 96
E Die kleinste Zahl, die durch 3, 4, 5 und 6 teilbar ist, ist die Zahl 60.
K $60 : 2 = 30$; $60 : 4 = 15$; $60 : 3 = 20$; $60 : 6 = 10$

## Checkliste Freizeit von Mädchen und Jungen – Anteile vergleichen und zusammenfassen

Seite 78

**Ich kann entscheiden, wann ich Häufigkeiten besser mit Anzahlen und wann mit Anteilen vergleiche.**
Anzahl: $11 < 12$
Anteil: 11 Jungen von 20 sind mehr als die Hälfte. 12 Mädchen von 24 sind genau die Hälfte.

**Ich kann verschiedene Wege nutzen, um Anteile zu vergleichen.**

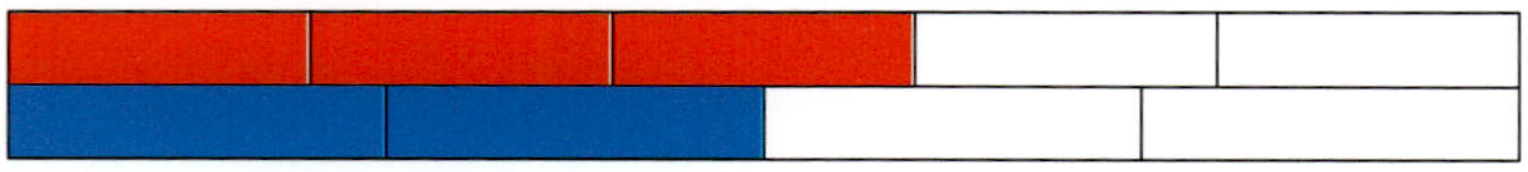

$\frac{3}{5} = \frac{12}{20}$ und $\frac{2}{4} = \frac{10}{20}$, $\frac{3}{5}$ ist der größere Anteil.

**Ich kann mit Bildern oder Situationen zu einem Bruch gleichwertige Brüche finden.**

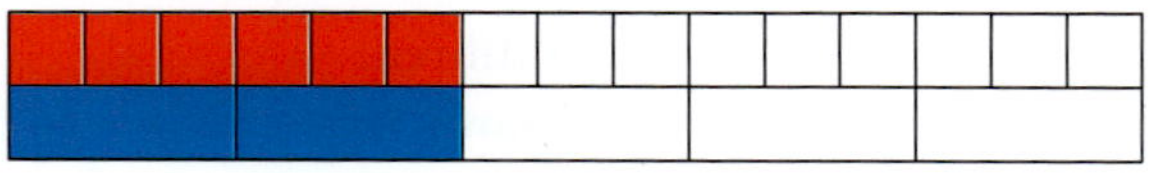

$\frac{6}{15} = \frac{2}{5}$

**Ich kann durch Erweitern und Kürzen zu einem Bruch gleichwertige Brüche finden.**
(1) $\frac{6}{15} = \frac{2}{5}$ (2) $\frac{17}{40} = \frac{51}{120}$

**Ich kann schwierige Brüche durch einfache Brüche schätzen.**
$\frac{45}{80} = \frac{9}{16}$ oder ca. $\frac{1}{2}$

**Ich kann einen Anteil als Bruch und als Prozentzahl darstellen.**
$\frac{3}{5} = 60\,\%$ $35\,\% = \frac{35}{100} = \frac{7}{20}$

**Ich kann Brüche mit Hilfe eines Bildes addieren und subtrahieren.**
$\frac{3}{5} + \frac{2}{3} = \frac{19}{15}$ $\frac{2}{3} - \frac{1}{4} = \frac{5}{12}$

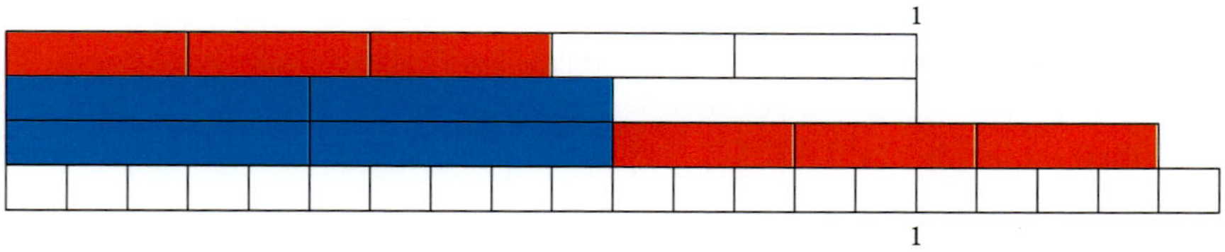


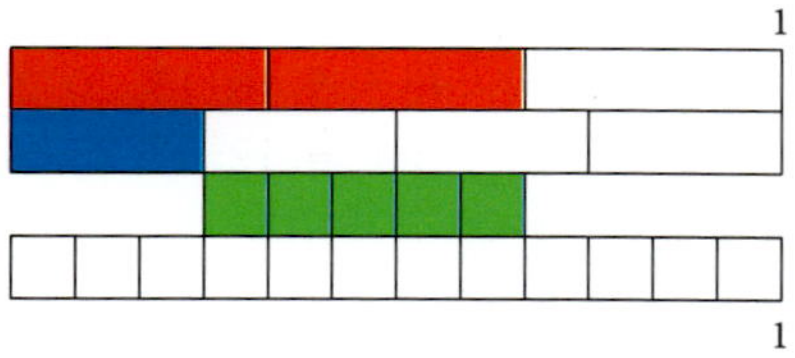


**Ich kann Situationen, in denen Anteile zusammengefasst werden, durch Aufgaben beschreiben und umgekehrt.**
$\frac{3}{8} + \frac{1}{2} = \frac{7}{8}$ $\frac{7}{8} < 1$, also passt der Saft in einen 1 l-Krug.
In einer Packung befindet sich $\frac{1}{4}$ l Milch. Für einen Kuchenteig wird $\frac{1}{8}$ l Milch entnommen. Wie viel Milch befindet sich dann noch in der Packung?
$\frac{1}{4} - \frac{1}{8} = \frac{1}{8}$

**Ich kann Brüche durch Rechnen (ohne Bild) addieren und subtrahieren.**
$\frac{1}{5} + \frac{2}{3} = \frac{3}{15} + \frac{10}{15} = \frac{13}{15}$ $\frac{2}{3} - \frac{1}{10} = \frac{20}{30} - \frac{3}{30} = \frac{17}{30}$
Ich muss zuerst einen gemeinsamen Nenner suchen und anschließend erweitern, bevor ich addiere oder subtrahiere.

## Checkliste Orientierung auf Land und Wasser – Die Lage von Orten beschreiben und finden

Seite 100

**Ich kann Winkel nutzen, um Richtungen und Richtungsänderungen anzugeben.**
Drehung um 65°

**Ich kann Winkel messen.**
15° und 165°

**Ich kann Winkel zeichnen.**

Spitzer Winkel:

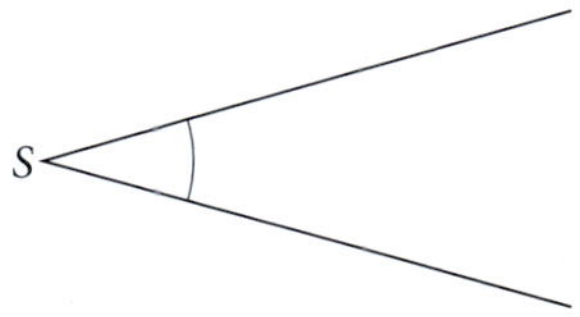


Winkel mit der Größe 120°:

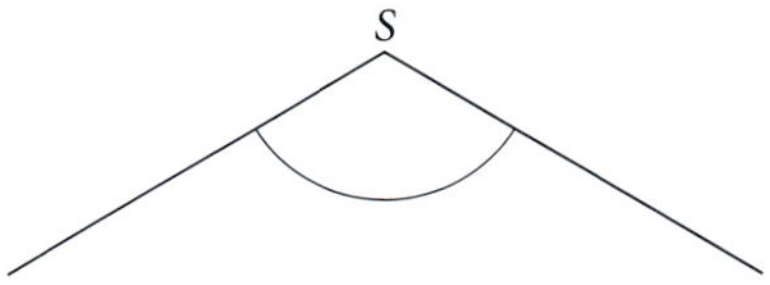


**Ich kann zu einem Winkel die Winkelart benennen.**
spitzer Winkel: 23°; 3° stumpfer Winkel: 123° überstumpfer Winkel: 232° Vollwinkel: 360°

**Ich kann Koordinaten in ein Koordinatensystem eintragen und daraus ablesen.**
(1 | 2); (2 | 0)

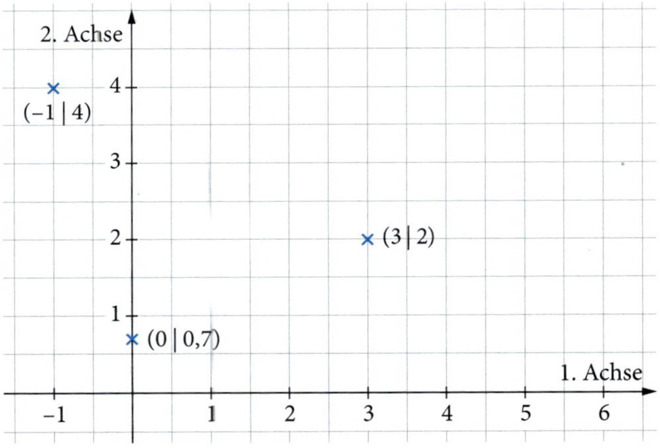


**Ich kann Koordinaten nutzen, um die Lage von Orten anzugeben und zu finden.**
Verschiedene Lösungen sind möglich.

## Checkliste Haushaltskosten gerecht aufteilen – Rechnungen darstellen und diskutieren

Seite 122

**Ich kann zu einem Verteilungsproblem verschiedene Ansätze finden und es mit P A D E K lösen.**

P unterschiedliche Preise gerecht verteilen
A Die Aufteilung erfolgt nur innerhalb der beiden Zimmer.
D 48 : 6 = 8 und 40 : 4 = 10
E Im 6-Bett-Zimmer kostet es pro Person 8 € und im 4-Bett-Zimmer pro Person 10 €.
K 6 · 8 = 48 und 4 · 10 = 40
Andere Möglichkeit:
P unterschiedliche Preise gerecht verteilen
A Alle zahlen den gleichen Betrag.
D Übernachtungskosten für 10 Personen: 48 € + 40 € = 88 € : 10 = 8,80 €
E Jeder zahlt 8,80 €.
K Der Betrag liegt zwischen 8 € und 10 €.

**Ich kann zu einer Situation einen Term aufschreiben und damit zeigen, wie gerechnet werden soll.**

(240 : 30 + 20) · 4 = 112
Für vier Personen kostet es 112 €.

**Ich kann zu einem Term eine passende Situation aufschreiben.**

Wie viel Euro Taschengeld im Jahr bekommt Lena, wenn sie bis März 14 € pro Monat bekam und ab April 16 € erhält?

**Ich kann an einem Beispiel erklären, wozu man die Punkt-vor-Strich-Regel braucht, und kann diese anwenden.**

26 + 4 · 5 = 150 (von links nach rechts gerechnet) 26 + 4 · 5 = 46 (nach Regel gerechnet)
Durch Setzen von Klammern kann man die Reihenfolge der Rechenoperationen festlegen: 26 + (4 · 5)

**Ich weiß, wann man bei Termen Klammern setzen muss und wann man sie weglassen kann.**

2 · 3 + 4 = 10 Ich multipliziere 2 mit 3 und addiere anschließend 4.
Situation: Wir kaufen vier Flaschen Mineralwasser, drei Flaschen Apfelsaft und drei Flaschen Kirschsaft. Das sind insgesamt 10 Flaschen.
2 · (3 + 4) = 14 Ich addiere 3 und 4 und multipliziere das Ergebnis mit 2.
Situation: Wir bilden zwei Mannschaften. In jeder Mannschaft spielen drei Mädchen und vier Jungen. Das sind insgesamt 14 Spielerinnen und Spieler.

**Ich kann zu einem Bild oder einer Situation beschreibungsgleiche Terme finden.**

Beschreibungsgleich: Die Terme beschreiben das gleiche Bild oder die gleiche Situation.
(20 + 3) · (10 + 4) (10 + 4) · (20 + 3) 10 · 20 + 10 · 3 + 4 · 20 + 4 · 3

**Ich kann einen Term mit dem Zerlegungsgesetz und dem Vertauschungsgesetz in beschreibungsgleiche Terme umformen.**

17 · 92 + 17 · 8 = 17 · (92 + 8) Zerlegungsgesetz
17 · 92 + 17 · 8 = 17 · 8 + 17 · 92 Vertauschungsgesetz
(2) und (3) sind beschreibungsgleich.

## Checkliste Einen Raum renovieren – Mit Dezimalzahlen rechnen

**Seite 142**

**Ich kann zwei Dezimalzahlen multiplizieren.**

(1) $1{,}5 \cdot 0{,}3 = 0{,}45$ (2) $0{,}7 \cdot 0{,}2 = 0{,}14$

**Ich kann die Multiplikation zweier Dezimalzahlen an einem Bild und an einem Malkreuz erläutern.**

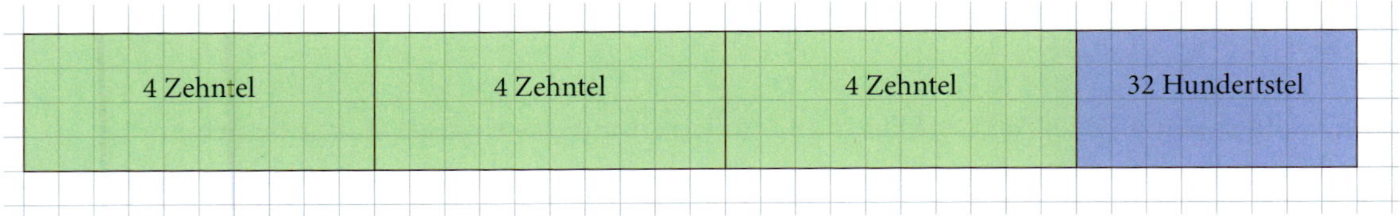


$3{,}8 \cdot 0{,}4 = 1{,}52$

| | 1 | 0,4 |
|---|---|---|
| 1 | 1 | 0,4 |
| 0,1 | 0,1 | 0,04 |

$1{,}1 \cdot 1{,}4 = 1{,}54$

**Ich kann bei Aufgaben in Texten erklären, ob ich multiplizieren oder dividieren muss, und kann die Aufgaben dann lösen.**

$12{,}5\,\text{m} \cdot 9{,}8\,\text{m} = 122{,}5\,\text{m}^2$

$3{,}60\,\text{m} : 0{,}5\,\text{m} = 7{,}2$ Es werden 8 Bahnen Tapete benötigt.

**Ich kann zwei einfache Dezimalzahlen schriftlich multiplizieren oder schriftlich dividieren.**

(1) $2{,}48 : 0{,}4 = 6{,}2$ (2) $3{,}8 \cdot 0{,}4 = 1{,}52$

**Ich kann abschätzen, wie groß das Ergebnis beim Multiplizieren oder Dividieren zweier Dezimalzahlen ungefähr ist.**

Gerundet: $2{,}4 : 1{,}2 = 2$

Gerundet: $13 \cdot 1{,}3 = 16{,}9$

**Ich kann erkennen, wann die Division von Dezimalzahlen mit gleichen Ziffern zum gleichen Ergebnis führt.**

(1) $8{,}4 : 2{,}1 = 4$ (2) $84 : 2{,}1 = 40$ (3) $84 : 21 = 4$ (4) $0{,}84 : 0{,}21 = 4$ (5) $840 : 210 = 4$

Die Aufgaben (1), (3), (4) und (5) haben das gleiche Ergebnis.

**Ich kann mit meinem Taschenrechner Dezimalzahlen multiplizieren und dividieren und kann das Ergebnis überschlagen, um zu prüfen, ob es richtig sein kann.**

$3456{,}78 \cdot 12{,}345 = 42673{,}9491$ Überschlag: $3000 \cdot 12 = 36\,000$

$8{,}4019 : 21{,}0007 = 0{,}40007714$ Überschlag: $10 : 20 = 0{,}5$

**Ich kann mit gemischten Brüchen rechnen, indem ich sie in Dezimalzahlen umwandle und dann rechne.**

(1) $2{,}25 + 3{,}5 = 5{,}75$ (2) $2{,}75 - 1{,}25 = 1{,}5$ (3) $2{,}25 \cdot 3 = 6{,}75$ (4) $1{,}25 : 5 = 0{,}25$

## Checkliste Kinder weltweit – Anteile von Anteilen verstehen

**Seite 164**

**Ich kann einen Anteil auf ein Ganzes beziehen und berechnen, wie groß der Teil ist.**
$\frac{2}{6}$ von 30 sind 10.

**Ich kann das Ganze finden, wenn Teil und Anteil gegeben sind.**
$5 \cdot 5 = 25$
25 Kinder sind in der Klasse.

**Ich kann Informationen über Anteile oder Teile erklären, indem ich sie auf das richtige Ganze beziehe.**
Erwachsene, die kaum lesen oder schreiben können

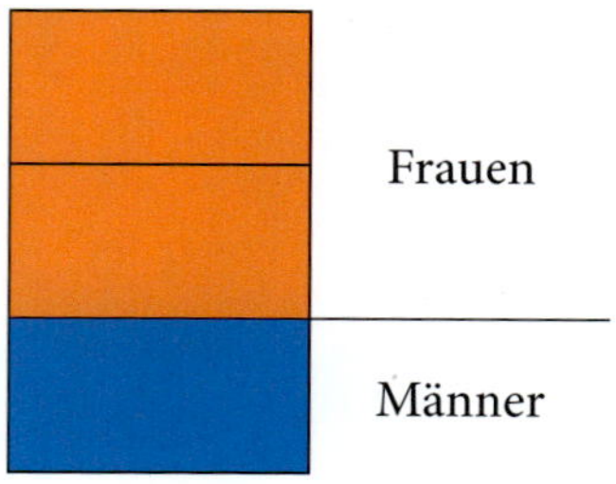


(1) Du benötigst zusätzlich die Information aus Aufgabe 3 auf S. 151, dass rund ein Sechstel aller Erwachsenen kaum lesen und schreiben können. $\frac{2}{3}$ von $\frac{1}{6}$ sind $\frac{2}{18}$. Da der Anteil der Frauen an allen Erwachsenen ungefähr $\frac{9}{18}$ beträgt, können ungefähr $\frac{7}{18}$ aller Frauen lesen und schreiben. Die Aussage ist also richtig.
(2) Unter den Erwachsenen, die kaum lesen und schreiben können, gibt es doppelt so viele Frauen wie Männer. Daher ist die Aussage falsch.

**Ich kann den Anteil eines Anteils bestimmen, indem ich ein Bild zeichne und ablese.**

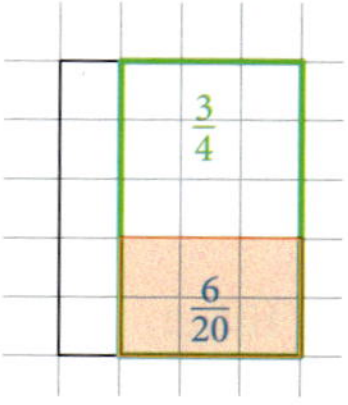


$\frac{2}{5}$ von $\frac{3}{4}$ sind $\frac{6}{20}$.

**Ich kann den Anteil eines Anteils bestimmen, indem ich den Flächeninhalt des Rechtecks bestimme, dessen Seitenlängen durch die Anteile angegeben sind.**
$\frac{5}{8}\,\text{cm} \cdot \frac{1}{6}\,\text{cm} = \frac{5}{48}\,\text{cm}^2$

**Ich kann Brüche multiplizieren.**
$\frac{4}{8} \cdot \frac{2}{13} = \frac{1}{13}$

**Ich kann zu einer Multiplikation von Brüchen ein Bild zeichnen und eine Situation erfinden.**

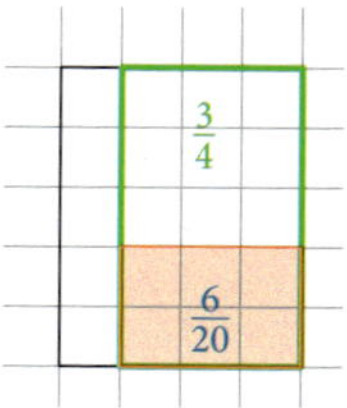


$\frac{2}{5} \cdot \frac{3}{4} = \frac{6}{20}$
$\frac{3}{4}$ der Kinder einer Klasse sind in einem Sportverein. Davon spielen $\frac{2}{5}$ Fußball. Wie viele Kinder der Klasse spielen Fußball?

**Ich kann für Sachaufgaben mit Anteilen die richtige Rechenart finden.**
Es muss multipliziert werden.

## Checkliste Die Welt im Museum – Vergrößern und Verkleinern verstehen

Seite 188

**Ich kann Figuren mit einer vorgegebenen Zahl vergrößern oder verkleinern und kann erklären, wie man dabei vorgeht.**
Die Länge und die Breite müssen mit 4 multipliziert werden. Das vergrößerte Rechteck ist 6 cm lang und 8 cm breit.

**Ich kann die Vergrößerungszahl bzw. die Verkleinerungszahl finden, wenn ich ein Original mit einem dazu gehörigen Bild vergleiche.**
Gelb: 2,5 (Vergrößerung) Grün: 1,5 (Verkleinerung)

**Ich kann Maßstäbe ungefähr einschätzen, wenn ich das Original mit einem Modell vergleiche.**
Maßstab 1 : 5

**Ich kann die Längen beim Vergrößern und Verkleinern mit einem gegebenen Maßstab umrechnen.**
Modelllänge: 2,5 m Original Wagenlänge: 7,50 m

**Ich kann bei der Verkleinerung sehr großer Gegenstände in mehreren Schritten vorgehen und den Maßstab bestimmen und dabei auch mit dem Wechsel von Einheiten umgehen.**
Maßstab 1 : 10 000 000 Länge in Wirklichkeit: 3,750 km

**Ich kann vergrößern und verkleinern, indem ich geeignet mit verschiedenen Zahlen multipliziere.**
125 %

**Ich kann mit Brüchen verkleinern und vergrößern und dazu mit Brüchen dividieren.**
Die Division durch $\frac{1}{6}$ entspricht am Kopierer einem Zoomfaktor von 600 %. Multiplikation mit $\frac{1}{6}$ macht die Division rückgängig. Der Multiplikation mit $\frac{1}{6}$ entspricht am Kopierer ein Zoomfaktor von ungefähr 17 %.
$\frac{3}{8} : \frac{2}{9} = \frac{3}{8} \cdot \frac{9}{2} = \frac{27}{16}$
Begründung: Die Vergrößerungen „durch $\frac{2}{9}$“ und „mal $\frac{9}{2}$“ lassen sich in die gleichen Einzelschritte „mal 9“ und „durch 2“ aufteilen.

## Checkliste Zahlen- und Bildmuster – Geschickt zählen und fortsetzen

Seite 208

**Ich kann Muster in Bildern erkennen und Muster selbst erstellen.**
Beispiellösungen:

- Quadrat aus 3 mal 3 Punkten und jeweils in der Mitte der drei Punkte einen Punkt dazu

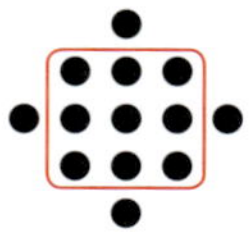

- Quadrate, die wie Ringe umeinander gelegt werden; stehen alle auf einer Ecke

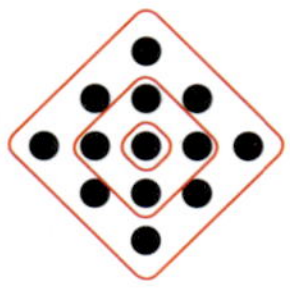

**Ich kann Muster in Bilderfolgen erkennen und sie fortsetzen.**

④ 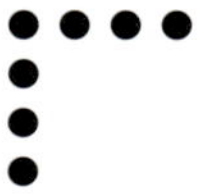

⑤ 

**Ich kann Muster in Zahlenfolgen mit Hilfe von Bildern oder in eigenen Worten beschreiben.**

(1) 0, 3, 6, 9, 12, 15, …
immer drei Punkte dazu

(2) 2, 9, 16, 23, 30, 37, …
immer sieben Striche dazu

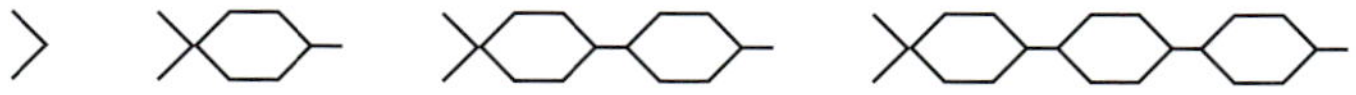

**Ich kann Muster in Zahlenfolgen erkennen und fortsetzen.**
(1) 2, 5, 10, 17, 26, 47, 60, …
(2) 5, 10, 20, 40, 80, 160, 320, …

**Ich kann zu gegebenen Termen Bilder und Zahlenfolgen aufstellen.**

5, 8, 11, 14, 17, …

**Ich kann in Bilderfolgen unterschiedliche Muster erkennen und dazu unterschiedliche Terme aufstellen.**
$1 + x \cdot 2$ $x + (x - 1)$

**Ich kann zu Zahlenfolgen Terme aufstellen und mit diesen schnell hochrechnen.**
$5 \cdot x + 2$ 77. Stelle: 387

## Checkliste Unser Klima – Diagramme verstehen und erstellen

Seite 228

**Ich kann Zahlenwerte aus einem Diagramm ablesen.**

März: 3 °C    6 °C im April

**Ich kann positive und negative Zahlen an einer Zahlengeraden ablesen und auf einer vorgegebenen Zahlengeraden eintragen.**

Markiert: – 6 und – 1,5

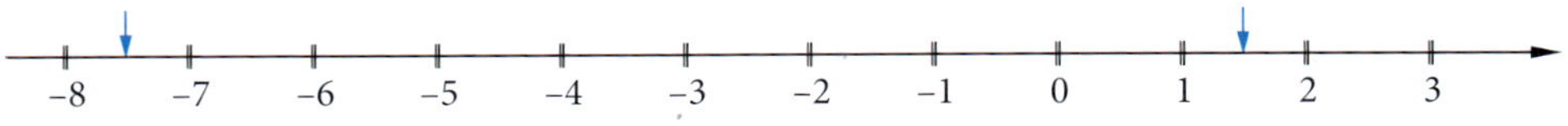


**Ich kann eine Zahlengerade so einteilen, dass ich vorgegebene positive und negative Zahlen dort eintragen kann.**

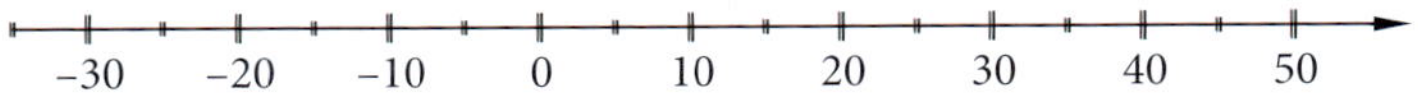


**Ich kann den Abstand von negativen und positiven Zahlen bilden und erklären.**

Paar – 7; – 4: Abstand 3    Paar – 7; 3: Abstand 10    Paar – 7; 5: Abstand 12
Paar – 4; 3: Abstand 7    Paar – 4; 5: Abstand 9    Paar 3; 5: Abstand 2

**Ich kann ein Diagramm mit einem Tabellenkalkulationsprogramm erstellen.**

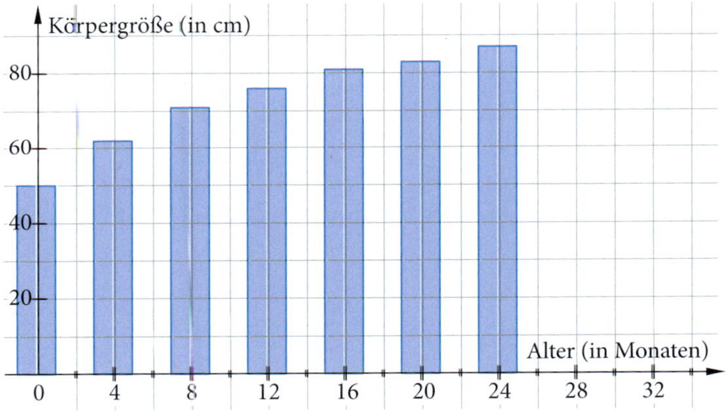


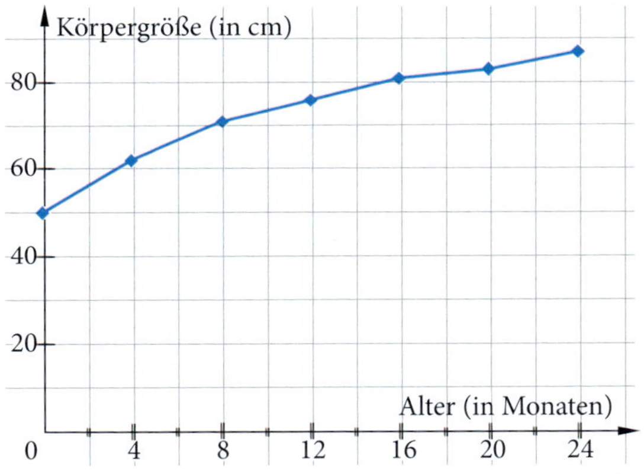


**Ich kann entscheiden, wann welcher Diagrammtyp sinnvoll ist.**

Liniendiagramm oder Säulendiagramm: Man kann jeden Monat den Gewinn genau ablesen.

**Ich kann erklären, warum Diagramme zu gleichen Daten unterschiedlich wirken können.**

Die Einteilung auf der senkrechten Achse ist unterschiedlich.

## Checkliste Reisen und Rechnen – Hochrechnen und Runterrechnen

Seite 252

**Ich kann bei proportionalen Zusammenhängen fehlende Werte in Tabellen ergänzen.**

| Anzahl der Tage | Kosten in Euro |
|---|---|
| 3 | **108** |
| 5 | **180** |
| 10 · 36 → | 360 |
| 15 | **540** |
| 20 | **720** |

Mehrere Rechenwege sind möglich, hier ist das „Rechnen mit einem festen Faktor“ dargestellt.

**Ich kann bei proportionalen Zusammenhängen gesuchte Werte schriftlich bestimmen.**

| Gewicht in Kilogramm | Kosten in Euro |
|---|---|
| : 3 15 | 10,50 : 3 |
| **5** | **3,50** |
| · 20 100 | **70** · 20 |

**Ich kann in einer Tabelle erkennen, wenn eine Zuordnung nicht proportional ist.**
Bei Proportionalität müssen sich bei Verdopplung der Anzahl auch die Kosten verdoppeln. So verdoppelt sich z. B. die Anzahl von 1 auf 2, während beim Preis von 40 € auf 75 € keine Verdoppelung stattfindet.

**Ich kann bei Zusammenhängen im Alltag einschätzen, ob sie proportional sind, also ob etwas „pro Portion“ berechnet wird.**
Der Preis ist proportional zur Anzahl der Flaschen.
Der Preis für eine Taxifahrt ist nicht proportional zu den gefahrenen Kilometern, weil noch eine Gebühr hinzugerechnet wird.

**Ich kann im Kopf näherungsweise hoch- und runterrechnen.**
11 Eier = 4,95 € 15 Eier = 6,75 € 25 Eier = 11,25 €

**Ich kann überschlagen, indem ich im Kopf eine einfachere Aufgabe rechne.**
Überschlag: 75 · 5 € = 375 €
Man kann erst 50 · 5 € rechnen und addiert zum Ergebnis noch einmal die Hälfte dazu:
- 50 · 5 € = 250 €
- Die Hälfte von 250 € ist 125 €.
- Beides zusammen ergibt 375 €.